私の実家が売れません！
仲介にも見放された
地獄の再建築不可物件を
素人が自分で売ってきた
高殿 円
監修
不動産コンサルタント
宅地建物取引士
ファイナンシャルプランナー
高橋正典

これで完璧！

"実家じまい"チェックリスト

親の思いや意向を確認して！
相続した場合は3年以内に方針を決めて

いつやる？	□親が存命中にすること	
何をする？	□親に確認しておく	□自分でやること
内容	□親の財産の把握	□実家の下調べ【↓詳細は本誌P74を参照】（建て替えができるか？ 売れそうか？）
	□家をどうしたいか相談（親の思いや意向を確認）	□実家周辺の売却価格の確認（旗竿地は安くなる傾向）
	□不動産関係の書類整理	□兄弟・親族との方針の話合いの場を設ける
	□相続登記をしておく	□配偶者・子どもなどステークホルダーの意見を聞く
		□境界の確認【↓詳細は本誌P76を参照】

□ 相続後に売る（3年以内に！）	□ 3000万円の特別控除の適用確認	居住用財産を売却した場合に、譲渡所得から最高3000万円が控除される特例
	□ 相続税の計算	基礎控除（3000万円＋600万円×法定相続人の数）
	□ 不要品（粗大ゴミ）の処分	引き取りの予約
	□ 家の相続方法を決める	共同名義・共有分割は避けたい！【↓詳細は本誌P36を参照】
	□ 不動産会社に見積りを依頼して売却	【↓詳細は本誌P127を参照】
□ 相続後に貸す	□ リフォーム代の算出	総額約500万円以上かかるため、賃料との兼ね合いを検討
	□ 実家近隣の賃料のリサーチ	
□ 住み継ぐ	□ 相続登記をする	
	□ 水道・ガス・光熱費などの手続き	
	□ 小規模宅地の特例の確認	賃貸住まいで別居していた子が実家を相続して住む場合、宅地の相続税評価額が最大8割減になる特例を確認する（親が存命中にできたら尚可）

目次

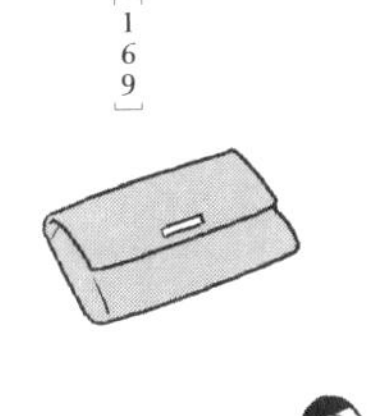

突然ですが
みなさん
売れない
実家問題
どうしてますか？
兄弟もみんな
家を出て
自分もそこそこ
都会に居を構え
もう戻る
つもりはない
実家
住む人も
なく
絶妙に不便な
ところにある
戸建ての実家…
しかも
それが
築75年
再建築不可
ボロ戸建て
だとしたら‼
詰んだ…

ことの始まりは75年前
このへん
春日道
芦屋市
西宮市
兵庫県の西部に祖父が家を建てました
神戸
大阪
淡路島
私も子どもの頃は行きましたが…
ザ・昭和の家父長制の思い出
なぜ母たちだけが労働を…
ハイハイ
お〜い酒〜
くみとり式トイレ

――とまあ
いい思い出がない
家だった
そして35年前
祖父が他界
祖父
息子である
三兄弟がこの家を
相続することに
なりました
長兄
次兄
父
娘
もともとは
米屋だった
らしいので
真ん中の叔父が
精米所
精米所
というか
物置というか…
本宅を
父と一番上の叔父が
相続しました
本宅

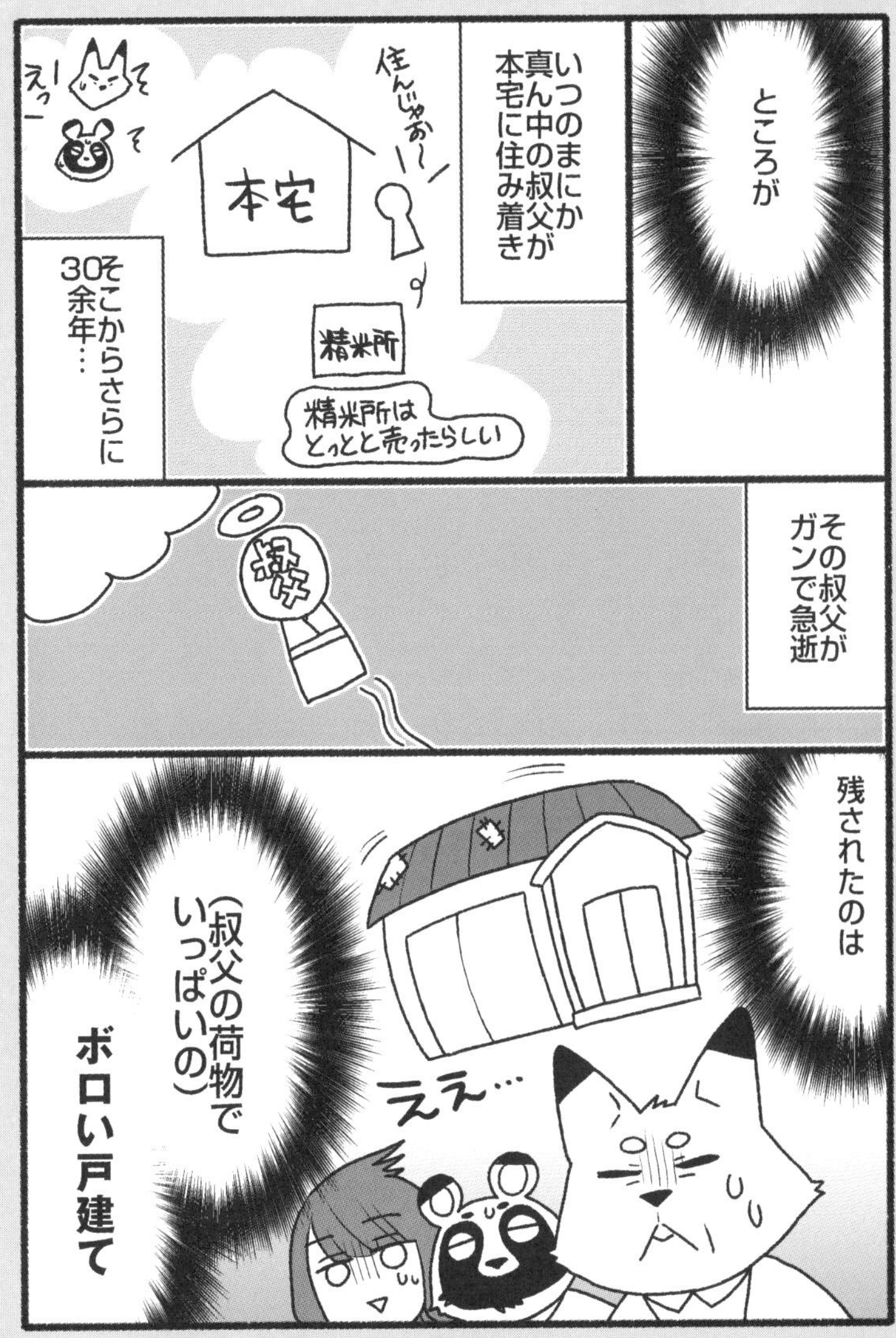
ところが
いつのまにか
真ん中の叔父が
本宅に住み着き
住んじゃお〜
本宅
えっ
精米所
精米所は
とっとと売ったらしい
そこからさらに
30余年…
その叔父が
ガンで急逝
残されたのは
（叔父の荷物で
いっぱいの）
ボロい戸建て
ええ…

売ろう‼
思い出のある家だぞ 売りたくない‼
あんな家でも
あの家を相続したくない
母
そのままにしておいても
しかしそういうわけには
ワーワー
片付けは
相続は
いや どい~すんねん これ…

ハッ
モメてる場合じゃない
このままでは叔父が死んだら相続するのは父そして次は母
ずぅしり
いつ誰がどうなってもおかしくない
いずれは私や息子が相続する可能性も
私が売るわ
はいはいはい
えー
——と
こうして「それじゃ売るか」となったはいいものの

まさかの「売れない」
お取引はなかったことに…
不動産
えっ⁉
こんなでっかい仏壇どうしたらいいの？
捨てていいの⁉
皿が無限に出てくる…
地獄の片付け
そしてなだれこんだガレージセールと奇跡の出会い…

これは私が
長年放置され
荒れまくっていた
築75年再建築不可
ボロ戸建てを
業者を入れずに
買い手をつけ
手売りしてきた
レポートです
同じような
悩みを抱える
アラフィフ、アラフォーの
みなさまに
参考になれば
幸いです!!

はじめに

売れない実家問題、どうしてますか？

兄弟もみんな家を出て、自分もそこそこ都会に居を構え、もう戻るつもりはない実家。戻りたいなあと思えるロケーションや条件ならいいけど、残念なことに両親は団塊の世代。都会の賃貸より田舎の戸建て。庭付き一戸建てガレージ付き、もちろんトヨタか日産の新車、庭には芝生、犬を飼う、みたいなアメリカのホームドラマをそのまんま輸入したパッケージが家族の幸せでありスタンダード、と無邪気に信じていた世代です。

例に漏れず私の家も、いまにも廃線になりそうな単線電車の最寄り駅から徒歩三十分、みたいな地獄のニュータウンにありました。幸か不幸か父の病気によって手放さざるをえなくなり、いま思えばあのとき半値以下でしたが売っていてよかった、と母は言います。

そんな価値がだだ下がった実家問題をみんなと語りたい！

私のようにアラフィフともなると、子どもは日本語が通じる代わりに大学受験目前でお金が湯水のように溶けていくのに、もう親の介護がはじまっている。耄碌（失礼）してくる親、医療費と学費に溶ける金、最近の訳のわからない受験システム、そして税金。生きているだけで感謝されたいサバイバル氷河期世代に降りかかる、非情な『実家が売れない問題』。

どうすんの。

いや、本当に。マジでどうすんの。しかしどれも放置できない問題すぎる。親は弱っていくから、とりあえずケアは必要だし、子どもの受験はむろん待ったなし。馬車馬のように働いて、たまにコンビニで買って食べる『シュガーバターの木』が楽しみ、みたいな私に、実家に帰って片付けして、なおかつ家を売れと？

耄碌（失礼）してくる親

親自身は「75歳くらいで死ぬつもりでいるが、そんなに人間都合よくは死なない問題」がさらにヤバい!!（現代においてはもっと長生きすることも多いため、先々を考えておいたほうがいい）

シュガーバターの木

洋菓子ブランドのひとつ『銀のぶどう』のプロデュースにより、2010年に誕生した「バターシリアルスイーツ」の専門店。全粒粉やライ麦を使ったシリアル生地に、ホワイトショコラをサンドした「シュガーバターサンドの木」というお菓子が有名。

いやまだ実家はいい。かろうじて電車の通っている場所にあったりするじゃん。

問題は祖父とか曾祖父とかの家よ。謎のUFOみたいな楕円のライトが四つぐらい付いた、たこ足のシャンデリア未満とか、とくにお花や壺を飾っていた覚えもないのに必ずある床の間とか、床の間の隣の中途半端な書院造り（偽）とか、あと仏壇な。でかい。実家の仏壇でかすぎ問題。

キッチンとダイニングは無駄に仕切られているし、床のフロアカーペットはレトロなくすみオレンジだし（なぜ?）、キッチンのガス台は異様に低いし、吊り戸棚は絶対あるわりに使いづらいし、天井はなぞの穴ぽこが空いている石膏ボード張りだし、え、あの穴なに？　おしゃれ？　あの穴いる?!?

ほかにも人の往来を拒む急な階段。私の記憶が確かならば途中

天井はなぞの穴ぽこが空いている石膏ボード張りだし

石膏天井材で、価格が比較的低く、ネジが目立たないので外観を損なわないのがメリット（ジプトーンという天井材らしい）。

までぼっとん式だったトイレ。無理矢理、増築した感が否めない風呂。風呂釜はステンレス。なんでステンレスなんかなエコにけんか売ってるあれまじで湯が冷めるんよ。

まとめて昭和の家問題。

いや、昭和レトロなのはいい。たとえすべての壁が謎の光沢を放つぺらっぺらのベニヤでも、剥がせば人体と同じく骨格が出るのみ。スケルトンリフォームという人類の叡智が俺たちを救う。

問題は場所だ。場所なんだ。

我が家が長年抱える祖父の家も、このような問題を抱えておりました。駅から徒歩圏というには遠い。庭なし、ガレージなし、築75年以上。

それでもまあなんとかそこそこ広さはあるし、長屋建築でもな

スケルトンリフォームという人類の叡智

住居の内装や設備をすべて解体して行う、大掛かりなリフォームのこと。古い建物でも、内装を一新できる。スケルトンとは英語で「骨格」のことで、住宅の内部や外部、あるいは両方を解体し、柱・梁・床といった建物の「躯体」だけにした状態のことをいう。

いから所有権は確立しているし、目の前は道だし生活はできる。おまけに最近近くにショッピングモールもできてお買い物が便利な上、大きな病院もまあまあ近い。

売れよ、さっさと売っちまえ。そう親族が言い続けてはや35年。祖父が死去してなお空き家のまま放置された祖父の家、もと米屋。なんとか地元の仲介業者さんに頼み込んで買い手を探してもらい、売り出し価格マイナス80万円で契約にまでこぎ着けた。

ところがどん（古い）。

司法書士さんが登記のために取り寄せた書類で明らかになる、突然の祖父の家、再建築不可物件問題。なんと祖父が亡くなってから以降にある問題が起きて、我々、親族だれひとり知らない間に再建築不可になっていたのです。

当然、ここを取り壊して新しい家を建てるはずだった買い手さ

再建築不可物件

建築基準法を満たしておらず、建物を建て替えることができない土地のこと。詳しくは後述（52ページ参照）。

んは契約をキャンセル。ただでさえ安い物件なのに、再建築不可という悪条件が追加されれば仲介手数料は時給程度。いつしか業者さんもフェードアウトしていなくなりました。

そして残された空き家。このままではいつ、雨漏りシロアリ台風問題でご近所様に迷惑をかけ、問題化してもおかしくはありません。

でも、実際のところ我々はどうすればいいわけ？　ただでもいいからひきとってほしいと市に泣きついても無情にもいらないっていわれたボロ空き家ですよ？　専門家にも見放されたのに、我々素人はどうすればいいの。

本書は、実際私自身が、この２０２３年の春から秋にかけて、祖父の死後長年放置され荒れまくっていた築75年再建築不可ボロ

雨漏りシロアリ台風問題

空き家に発生する代表的な問題3つ。経年劣化による雨漏りはカビの発生を促し、シロアリは木材に被害を与え近隣住民にも迷惑が。台風は家の劣化が進んだり、飛来物で家または周囲が破損したりしやすい。

戸建てを、業者を入れずに買い手をつけ、手売りしてきたレポをさっくりまとめました。

同様の問題を抱える、悩めるアラフィフアラフォー世代のみなさまが、本書を読んで少しでも救いと参考になればと思います。

第一章

他人より、兄弟親戚がいちばんやばい件

みなさん、兄弟姉妹仲いいですか？

……うん？　微妙？　まあみんなそんなもんじゃないですかね。兄弟姉妹仲が良くて休暇のたびに実家に集まるなんて、リアリティショーで見世物にしてるくらいだから、よっぽど珍しくてそれが理想の美しいなんかであるだけなんで、普段「没交渉です」みたいなレベルでもとくに気にしなくていいと思います。親ガチャもあれば兄弟ガチャもある。どちらも外れても自分のせいではない。むしろ、昔は仲が良かったのに、家族を持ったり仕事でせいいっぱいのいまは疎遠、なんてのが個人的には普通だと思っています。

しかし、兄弟というのは難しい。特に父親世代の年の離れた兄なんて父と同じくらいの強権をもっているんじゃないかな。かくいううちの家、父は三兄弟の末っ子。一番上の叔父とは10歳離れています。基本的に兄の言うことには逆らえないままきた人生は、ふたりとも見た目の変わらないおじいさんになったとしても簡単には変わらないようです。

もともとは、35年前に祖父が他界したことが始まりでした。祖父の家は兵庫県の西部にあり、昔から田舎というほどでもないが都会ではぜったいになく、大企業の工場はあるけれど最近は寂れて人口もまばらな上、駅からは徒歩20分程度というなにもかも中途半端な場所にあったのです。私が小さい頃は、正月やお盆のたびにここに親戚が集まりましたが、決して広くはない上、なぜか女性は狭いキッチンのダイニングテーブルで過ごし、男だけが座敷に集まって宴会をしているという昔ながらのジャパニーズ家父長制スタイルだったので、私には嫌厭の対象でしかありませんでした。あー手放せてすっきりしした。

中でも印象的だったのが、小さい頃はくみ取り式トイレで、臭いもすごく、トイレにいくのがいやでいやでしかたがなかったことです。っていうか、昔のボットン便所ってびっくりするぐらいでっかい穴が開いてましたよね？　あんなの小さい子どもだったら余裕で落ちない？？　実際父は落ちたことがあるそうで、それを笑い話にしていましたが、水洗トイレしか知らずに育った戦後の子である私や妹たちは、まったく笑えなかったです。

そんな微妙な思い出しかない祖父の家、祖父が亡くなり、子どもである三兄弟が遺産を相続することになりました。もともと、この家は米屋だったらしいので、本宅より少し離れたところにも精米所（現倉庫、物置ともいう）があり、真ん中の叔父が精米所を、本宅を父と一番上の叔父が相続しました。まあ、あとから言うのもなんですが、この時点で父は、上の叔父に自分の持ち分

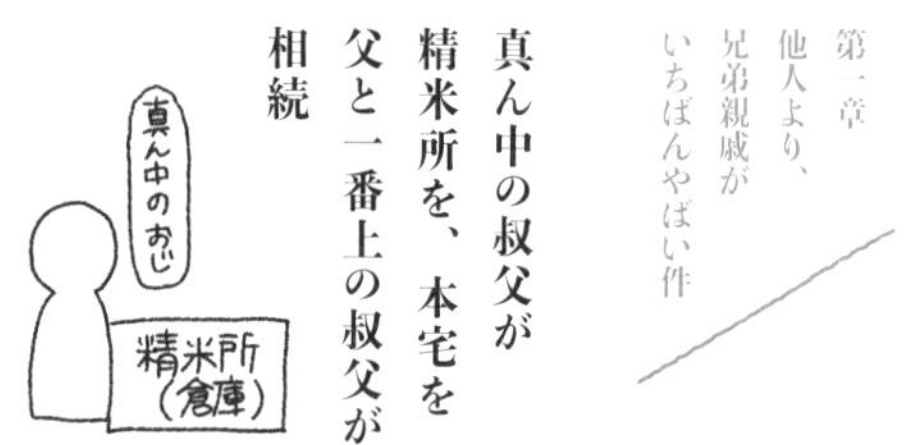

真ん中の叔父が精米所を、本宅を父と一番上の叔父が相続

を買い取ってもらえばよかったのです。しかし、父はそんなことはできない人間。父曰く、何度かその話はしたらしいのですが、上の叔父に「そんなお金はない」「無理だ」と言われ諦めたのだとか。いや、諦めるなよ。

三兄弟の上と下というのは、私の想像以上の指令系統というか、支配体制が確立されており、父は上の叔父に強くは言えないのです。そしてそのすぐあとのことでした。なぜかわからないまま、気がつけば元精米所を相続した真ん中の叔父が、父たちが相続したはずの家に住み着いていました。精米所はさっさと売ったらしい。

もちろん、叔父は出ていきません。どんどんと自分の持ちものを増やし、彼女と暮らし始めました。

時は金なり。ぐずぐずしてると事態が悪化するのは病気も相続もいっしょ。叔父はすっかり我が物顔で家を占拠し、父も上の叔父もいまさら出て行けとは言えず、数十年が経ちました。

その間に私も妹も、いとこたちもみんな結婚して子どもができて自分たちのことでせいいっぱい。昔年に何度か集まったことのあるだけの祖父の家のことなどすっかり忘れていたわけです。真ん中の叔父がガンで急逝するまでは。

叔父の葬式が終わったあと、残されたのは叔父の荷物で溢れかえっている古い古い祖父の家でした。父は今度こそ、家を売ろうと言いました。ところが上の叔父は売らないという。「思い出の家だから」。

はい出た、この"思い出の家"だから案件な!

老いた人間は手に入れられるものがどんどん少なくなっていきます。働いていたころならいざ知らず、限られた年金生活になると、自分ではびっくりするぐらい意識が変わってしまうもの。具体的に言うと、「もうなにも手放したくない」、「手放すのが怖い」、「手放したらもう二度と手に入らないような気がする」という絶対喪失への恐怖感です。

よく、海外のドキュメンタリーなどでゴミ屋敷になっているのを見たことがありませんか？　あれは、片付けるのが面倒くさい、何らかの特性がある等の理由のほかにも、年をとったりして、手に入れる機会が極端に少ない人ほど、捨てることが難しいというメンタルの問題であると私は考えています。

上の叔父は、かたくなに「ここは生まれ育った場所だから」と売ることに同意しません。自分が使うから、と言うなら、父から権利を買い取るべきであったと思います。しかしそこは、昭和的家長の支配系統によって父は兄には逆らえず、何にもプラスにならない田舎の家を持ち続けます。その間、叔父がその家を使用していたのかというと、実際はほぼ放置状態。理由は、「真ん中の(叔父の)荷物が多すぎてゴミ屋敷で片付けるのが面倒」というのです。だったら売れや……(心底思った)。

家族って、家族でも、家族だから、言いたいことをぐっと飲み込んでしまいがちだし、長い時間いっしょに過ごしてきたからこそ、理不尽な支配を受けて、体も心もそれになじんでしまっています。なんでも言いたい放題なキャラで通っている私ですら、実の親に対して「私の容姿をけなすのはやめて」というのに40年かかったからね！ ついに言ったその日は何も悪いことをしていないのにもかかわらず、息切れがして、そんな自分がかわいそうで寝られなかったからね!!

私の例にもれず、父もまた兄に逆らえないまま、いやだと言えないまま時が過ぎ、祖父の家は築75年を越え、中は死んだ叔父のもので溢れかえり、時を止め、そしてまた16年が経ちました。

上の叔父はもう85歳。コロナのあれこれあり、父もそうですが、いつあの世に旅立ってもおかしくありません。

もし、叔父が死んだら父があのボロ家を相続することになります。むろんゴミごとです。そして父だっていつ死ぬかわからない。父が死ねば、次は妻である母です。母は言いました。

「絶対にあの家だけはもらいたくない」

聞けば父は末っ子だったため、祖母は父がかわいくてしかたがなかったらしく、結婚当初は姑としてだいぶいじめられたようです。母は何十年も前の嫁姑問題を当然引きずっており（この場合母は悪くない）、そんないやな思い出のある家を、お金を払ってゴミごともらいたくないというのも当然のこと。

しかし、相続のこわいところは、家や〝負動産〟だけいらないと言えないことです。つまり、その人の財産、父の場合は父の預貯金や遺族年金など、母が受け取る権利ごとあの家ももらい受けるか、それとも預貯金ごと放棄するかの二択なのです。専業主婦期間が長かった母は、父の預貯金を放棄するような金銭的余裕はありません。しかし、それをもらうなら、あれもひきうけなければならない。姑にいじめられた思い出しかない汚い田舎の家を、です。考えてみると割とすごい地獄じゃない？

しかし、母は動きません。母はそういう人です。父に言い、父が「兄貴に言ったがなんもしてくれん」と〝なんもしない〟のを見て、「お父さんに言ったけどあの人はなんもせん」と愚痴だけ言って〝なんもしない〟人です。

ひととおり社会を見てきて、私が思うに、即断即決即行動でき

負動産

流通性に乏しく、売るに売れない不動産を自虐的に表す言葉。かつ、管理の維持費や固定資産税の負担など、所有間に一定の負担を強いられる。

思い出の
ある家だし
売りたくない
売りたい
なんもしない
困った

ない人間ほど、あとで数百倍めんどくさい思いをします。なぜなら行動には必ず経験が伴う。たとえ銀行株を100株購入して、その株が決算またぎ失敗して大きく下がっても、「なるほど決算をまたぐのはこういうリスクがあるのだな」という経験は残ります。そして次は同じ失敗をしないようになる。行動にともなう失敗は、言い換えれば失敗ではなく経験であり、つまり行動することにデメリットはほとんどないのです。もちろん、戦争や犯罪はだめですが。

なんですけど、めんどくさい案件を後回しにしても、経験は残りません。なにもしなくても状況は悪化していきます。そしてその状況を人のせいにしてその場をやりすごす。

なるほどなあ。と私は思いましたよ。こうして世の中はまわっているのだ、と。

「とりあえず、私がやるわ」

呆れ半々、哀れみ半々。そんなことを母に伝え、私が祖父の家売却に着手したのは、2020年ごろのことです。コロナでいつ誰が死ぬかわからない。みんな同じように息苦しさを感じていたまさに渦中でした。

column 1

[遺産分割には4つの方法がある]

遺産分割とは、遺言を残さず被相続人が亡くなった場合に、法律で決められた各相続人が話し合うことで相続財産の分け方を決定する手続きのことを言います。このページでは遺産の分け方4つと、それぞれのメリット・デメリットについて解説します。

代償分割

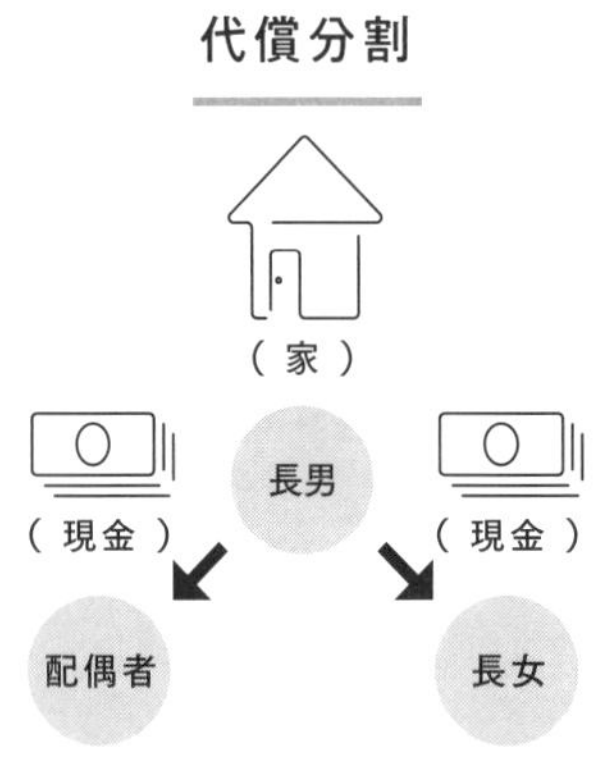

相続人のひとりが不動産を相続し、他の相続人にはそれぞれ応分の代償金などを支払う

○ メリット

不動産をそのまま継ぐので遺産分割がスムーズ／公平な相続分割が行える

× デメリット

不動産を相続する人に、代償額を支払う資金力がないと難しい／代償金の評価額を巡りトラブルになる可能性

現物分割

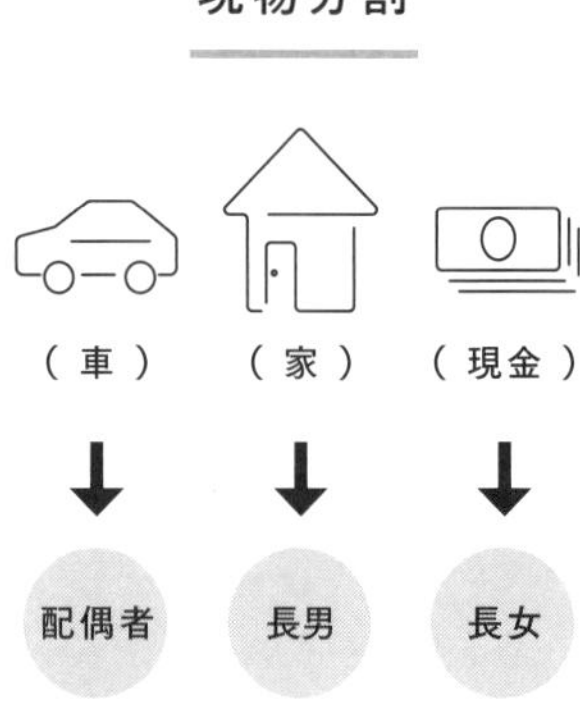

不動産は長男、預貯金は長女など、財産ごとに誰が何を相続するかを決める

○ メリット

手続きが簡単でわかりやすい／不動産の将来的な評価額を巡るトラブルになりにくい

× デメリット

特定の相続人だけが不動産を取得するので、不公平になりやすい

監修：高橋正典

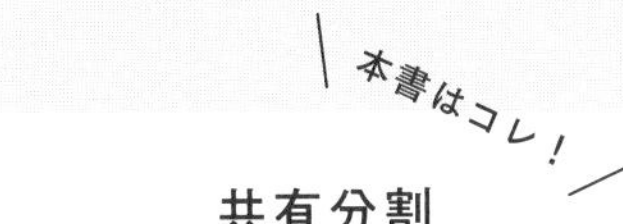

共有分割

（家）

1/2　1/4　1/4

配偶者　長男　長女

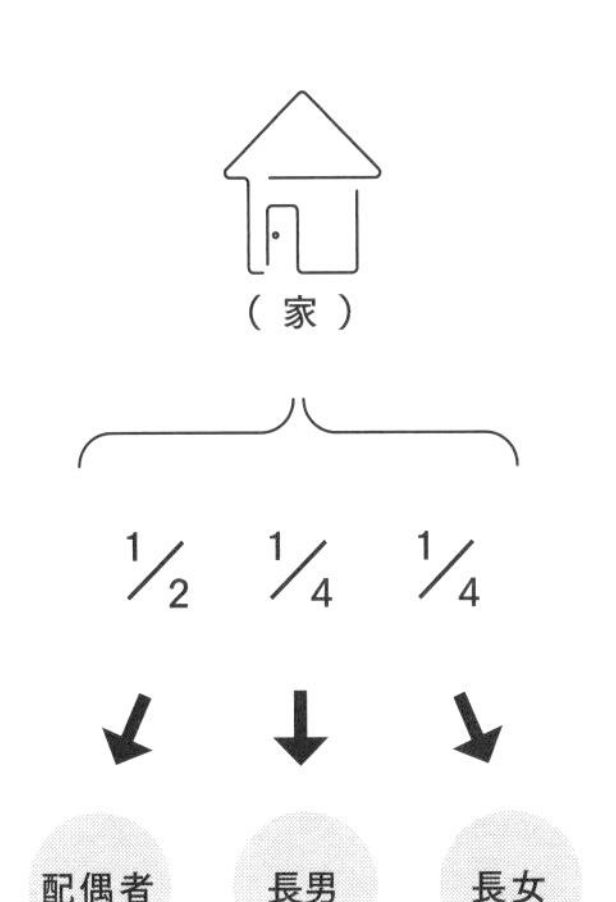

不動産の所有権を、複数の相続人が遺産分割の割合に応じて持ち分として共有する

○ **メリット**

共同名義となるため、不動産の形を変えずに遺産を分割できる

 **デメリット**

不動産を売る場合は全員の合意が必要になる／共有権者が死去すると、その権利が相続されてややこしい

換価分割

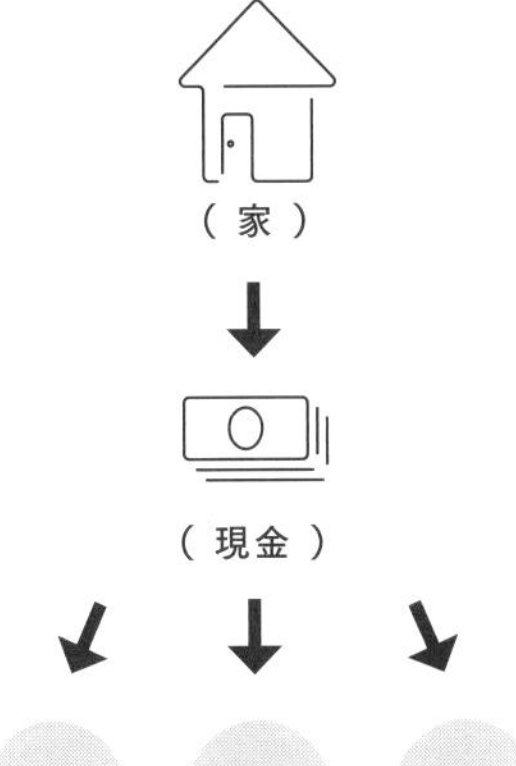

配偶者　長男　長女

不動産を売却してから、現金を相続人同士で分ける方法。他の預貯金なども同様に分ける

 **メリット**

不動産を売却できるなら、分割しにくい財産を明快に分割できる／納税資金の確保がしやすい

 **デメリット**

売却による手間や税金が発生する／不動産が売れない場合もある

column 1

そもそも相続ってどんな方法があるの？

身内が急遽亡くなり、急いで考えなければならなくなった相続問題。しかし、財産のことよりも故人への想いが大切な時に、先々の損得なんて想像できません。そんな時にやってしまいがちなのが、この相続財産の「共有分割」です。この方法の問題は後ほど解説しますが、そもそも、財産の相続には4つの方法があります。

一つは「現物分割」です。これは一番わかりやすい方法で、兄は現金で妹は不動産というように現物で分け合います。そしてもう一つが「代償分割」と言って、例えば、3千万円の価値の不動産があるとして、三人の子どもが相続する場合、一人がその不動産を相続し、他の二人に一千万円ずつ支払います。しかし、この場合は一旦相続する人に現金がないと難しいです。また、「換価分割」という方法もあります。これは財産をすぐに売却して現金化し、それを兄弟姉妹で分割する方法です。公平性という点では最も優れていますが、納税期日などの関係で時間的にタイトです。

さて、最後の一つが冒頭の「共有分割」です。これは、一つの不動産を兄弟姉妹が持ち分という形で相続する方法です。例えば、三人の子どもが相続する場合に、一つの不動産を3分の1ずつ持ち分として相続するものです。ある意味手っ取り早く目の前の問題を解決できるように感じますし、公平にも見えます。しかし、この方法は他の3つの方法と比較して唯一問題を先送りする、つまり将来的な問題を抱えるやり方です。何故なら、多くの人は成人し、それぞれ家庭を持っている中で、経済的事情が異なるためです。共有された不動産を売却するためには持ち分全員の同意が必要ですが、すぐに現金化したい人と、そうでない人が出てきます。さらに、それぞれに配偶者がいることも多く、その配偶者の意向までもが判断に影響してきます。例えば兄は妻の希望を踏まえますし、妹は夫の意見に沿うということも起きます。こうしたステークホルダーが倍にもなる先送り相続は要注意だと言えるでしょう。

第二章

仲介業者を入れて、普通に売り出し、買い手もついたのに

突然、京都市が、空き家に税金をかけるとか言い出しましたね。いわゆる空き家税。正式には「非居住住宅利活用促進税」といって、つまり空き家や別荘など住民税を払ってないやつからも利用料をきっちり取ろう。あるいは倒壊したり火事の原因になりそうな家は見た目もよくなく治安の悪化にもつながりかねないので減らそう、ということで、長年そこで生活をしている人たちからすると、こういう流れになるのも至極当然であると思います。

が、問題は京都だけじゃないんだ。一つ導入されれば心強い前例によってわれわれもと増えていくのが税金というもの。このニュースを聞いたとき、これは近い将来、全国的な問題になる。いまのうちに着手しなければ、と腹をくくりました。

税金、どんどん上がってるのに、これ以上びたいち払いたくねえ。いままでは田舎のボロ屋なんて固定資産税もたかが知れてるし、

京都市が、空き家に税金をかける

正式名称は「非居住住宅利活用促進税」。空き家に課税する全国初の試み。空き家や活用のない別荘などの所有者に課税される。2026年以降から導入予定で、固定資産税評価額の0.7％を課税（土地については別途規定）。導入後5年間は相続税評価額が100万円未満の住宅は課税対象外（5年経過後は20万円未満に変更）。

まあ放置でいっかーと思っていた田舎にボロ家抱える勢、いたよね？ってかいっぱいいるよね。私だけじゃないよね。ああ諸行無常、日本は貧しくなった。まさかの「ボロだろうが地目山林だろうが放置してたら税金をかける」流れには驚愕、メロスでなくとも激おこですよ。

叔父と父に頼んでもどうせなにも動かないのはわかっていたので、祖父の家からなるべく近い場所で長年、不動産業を営んでいる不動産仲介業者さんにお願いすることになりました。タウンページという黄色い凶器を探すまでもなく世は令和。我々は全員エデンでリンゴをかじったエヴァの末裔。ありがとうiPhone、ありがとうグーグルマップ。ありがとうありがとう業者一瞬で絞り込めたわ。

不動産業者だけが見ることができる「レインズ」という業者専

不動産仲介業者

実家売却の際、一番はじめに頼るべき相手。不動産を売却または賃貸するとき、売主・貸主と買主・貸主の仲介役として契約成立に向け業務を行う業者。収益は各種契約締結に成功報酬として手数料が発生する。

レインズ

国土交通大臣の指定を受けた「指定流通機構」によって運営される不動産情報ネットワーク。利用は不動産会社に限られ、一般人の閲覧は不可。

https://system.reins.jp/

用SUUMO（説明雑……）みたいなサイトがあります。しかし我々素人でも、そんな専門サイトを見るまでもなく、ネットで近隣の家が近年だいたいどれくらいの相場で売れていったのか把握することは可能です。

もっとも、仲介業者さんを入れれば、いくらで売りに出して実際はいくらで売れたのかとか、いつ売れたのかとか、そのへんの詳しいデータはきちんと報告書にしてくれます。値付けの根拠にするためですね。同じご町内のこれくらいのおうちはこのお値段で売れました。なので実際はこれくらいで売れるだろうと思われます、値引き交渉のことも考えて、プラス１００万くらいで売り出してはどうですか、とかいう感じに進みます。

さすが仲介業者さん、餅は餅屋、このあたりの流れはスムーズです。やがて、うちのボロ家にも買い手候補が現れました。築75年の上物に価値はないので、一度更地にして小さなおうちを建てるのだと聞きました。祖父の家は田舎とはいえ、ＪＲのまあまあ主要駅から歩けないことはない遠いが！　という物件。幸いなことに近くにまあまあ大きな病院も、ショッピングモールもありました。めちゃくちゃいい環境ではない。どっちかというと寂れてはいる。しかしこれから若い夫婦が土地付きの家を建てるのには手頃ではあるし、なにより綺麗な長方形の土地で南側が道路に面しており、日当たりもいいです。売れんことはないだろう、と踏んでいました。

実際５００万で売りに出していたところを４００万でという申し込みがあり、叔父と父も納得の上売買契約書が作られ、いよいよ引き渡し日も決まりました。ここまでくると私も、ああよかった叔父か父が死ぬまでに現金化できて、と安心して契約完了報告をまつだけの状態だったのです。

ところが、これが地獄の始まりでした。

すんなりことが進むと思われたあるとき、不動産屋さんから一本の不審な着信がありました。てっきり契約完了報告だと思って折り返したならば、

「大変残念ですが、お取引はできなくなりました」

えっっっっ、ど、ど、どゆこと???

先方さんがローン通らなかったとかそういうことなのかな、と思って（しかし実際住宅ローンは400万以下の物件は通らない）事情を聞いてみると、予想外の事態になっていました。

「松本さん（仮・うちの祖父）のお宅は、じつは接道義務を満たしていなかったのです」

「せつどうぎむ」

「接道義務です」

400万円以下の物件は通らない

住宅ローンの借入金額設定は銀行によって条件が異なるので確認しよう。

接道義務

建物の敷地は、建築基準法上の道路に2m以上接しなければならないと定められていること。この「建築基準法上の道路」というのがポイント（詳しくは52ページ参照）。建築基準法第43条第1項に規定されている。

「え、だって家の目の前道ですよね」

「そうです」

「あれはなんですか?」

「道のように見えますが、じつは違います」

な、な、なんやて????


そんなばかな。祖父の家は小さいとはいえ30坪ほどはあり、きれいな長方形をしていて、南側の長い面が道路に接している。その車道も車が2台すれ違うのにギリギリではあるが、一般的なアスファルト舗装の道で、ごくふつうに車は走っているし、なんならそのへんのおばちゃんだって子どもだって駅やスーパーへ行くのに通行しているではないか。あれを道といわずになんと言うのか!

「ちょっと複雑なので、お会いして説明させてください」

わけがわからない我々は、すぐさま時間を作って不動産屋さんにおしかけた。そこで我々を待っていたのは土地の登記簿謄本だった。

いま私たちが売ろうとしている祖父の家は、祖父が結婚し商売を始めたころに建てた築75年以上の古いものだ。登記簿謄本には、祖父の前の持ち主や、祖父が死んで叔父と父が相続したことをはじめ、権利の移転などの情報が記録されている。

私たちは当然なめるように目を通し、

「……いや、べつにヘンなところないですけど」

「いえ、松本さん（仮）の登記簿は問題ないのです。問題なのはお隣の家です」

「隣……」

たしかお隣は亡くなった祖母の元実家で、現在父のいとこ夫婦（A家）が住んでいるはずである。親戚づきあいはまったくないが。

土地の登記簿謄本

土地、家、マンションの所有者や担保、大きさや構造などが記載された公的な文書のこと。時代の変遷により、現在は「登記事項証明書」と呼ばれることが多い。

大変残念ですが
お取引は
できなくなりました
不動産
そんなこと
ある？
歩道
ココが
売りたい
実家

「じつは、お隣の家が、松本さんのご自宅の前面道路と、所有する土地を市と交換したのです」

衝撃の事実。っていうか、初耳。

「え、え、どういうこと？？　交換？？」

「どうも道路の拡張工事をしたかった市が、お隣のA家の道路側の土地を譲ってもらうかわりに、松本さんの家の前の道路を交換したみたいです。ですので、厳密にいうと松本さんの家の前の道路は道路ではなく、Aさんの私有地です」

「私有地」

「公道に接してる部分はありません」

「そんなことある!?」

いや、しかしそんなことは実際にあった。登記簿ではたしかに家の前はA家の土地になっており、我が家の敷地の前面は一ミリ

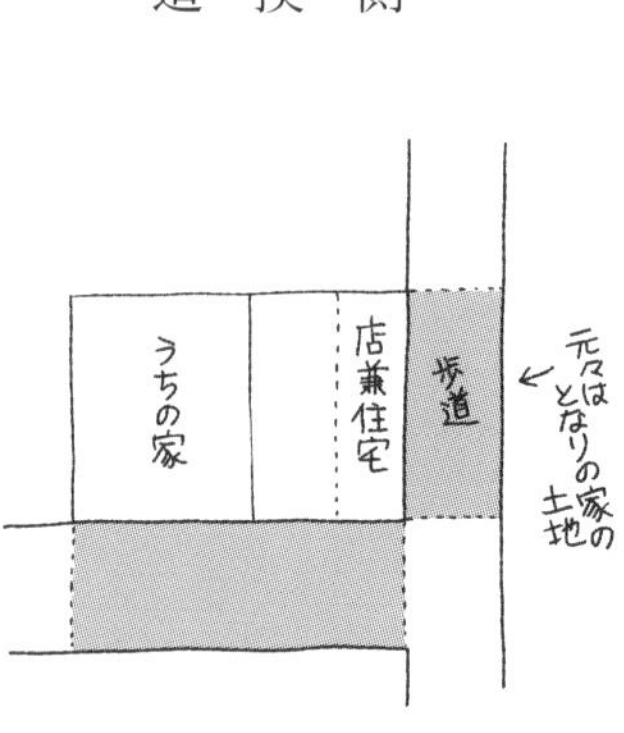

元々はとなりの家の土地
歩道
店兼住宅
うちの家

公道に接していなかった

見た目は「普通の道」でも、この場合は、建築基準法で定められた規定を満たしていない私道なので、接道義務が果たされていない。

たりとも公道に接していなかったのである。

「いや、そんなことある?:?:?:」

さすがにこれはひどい。公を名乗る団体が善良な一市民に対する仕打ちではないと思う。だって、そんなことをすればうちが、のちのちどんな目にあうか、考えなくてもわかるだろう。公道に接していない家は再建築不可物件になるのだから。

呆然とする私、父、叔父、そして母。そしてその前を悠々と通り過ぎる近所のおばあちゃん。

「おばあちゃん通ってるが?:?:?:」

私たちはおばあちゃんを見送ったあと、あれはどういうことだと不動産屋さんを激詰め……はしなかったけど食いつくように聞いた。

「あれどういうことですか、学校帰りの子どもも通ってますよね。でもそこは私有地では?:」

再建築不可物件

接道義務を果たしていない土地は、更地にして新しい建物を建てることができない「再建築不可物件」になってしまう（詳しくは52ページ参照）。

「ああ、それはみんなが通れなくなったら困惑するだろうと、市とA家が話し合って私道通行権の許可を出したみたいですね」

俺らも困惑してるます!!　困惑してるます!!

しかし、我々の困惑は市にはいっさい考慮されなかった。つまり、A家は近所の人もいままで通り通れるように通行許可を出した。(これを私道通行権と通行許可といいます)だからうち以外の人はなんら変わっていない。変わったのはうちだけ。祖父が亡くなり、叔父と父が相続したあと、ひそかに市と隣家がぶつぶつ交換をして再建築不可になったうちの家だけ!

我が家は激怒した。

「これはもう市を相手に裁判するしかねえ!!!!!!」

もし、私が直木賞作家でありあまる富を有していたら、話のネタに市を訴えていた可能性もあった。だってこんなことある??　道路を拡張したいならちゃんと土地を買収しなさいよ。道路と交換すな！

しかし私は残念ながら直木賞作家でもなく、大学受験を控えた高校生に湯水のように教育費を溶かされる無力な一般家庭……。市を相手取って裁判している余力も資金も気力もない。

かくして、決まっていた買い手さんも「再建築不可ならちょっと……」と去って行き、不動産屋さんも「築75年の再建築不可物件は難しいですねえ」とフェードアウトしていった。

残されたのは、叔父の遺物で足の踏み場もない築75年の売れないゴミ屋敷のみ！

「……これは、詰んだのでは？」

あまりの絶望感に叔父は寝込み、父はさじをなげ、そうして二年。

だれも、どうしようもないと思っていた家を、私は自分の手で売ったのです。

再建築不可物件ってなに？

　昭和25年に建築基準法が施行され、「道路」とは幅員（道幅のこと）4メートル以上とされました。そして、都市計画区域及び準都市計画区域内で、建物を建築する際にはこの建築基準法に定める「道路」に2メートル以上接していることが条件となりました。ちなみに、都市計画区域とは我が国の国土の約4分の1の面積ですが、そこに約94%が住んでいますので、ほとんどの不動産はこの対象になると考えていいでしょう。さて、本文に出てくる「接道義務」とはまさに、この建築基準法に定める「道路」に接していなければ建築ができないという義務を満たしていないということを意味します。ここでポイントになるのは、その道路の見た目がどうかは関係がないということです。舗装されていない砂利道だから「道路」ではないとも言えず、このケースのように舗装もされていて、人が自由に往来していても「道路」ではない場合も多くあります。こうした物件を購入した場合、基本的に建て替えはできず、リフォームをするにしても難しい場合が出てきます。そして、２０２５年4月の法改正によって今後はさらに難しくなります。（１１０ページ参照）

　仮に、そのまま住もうとして購入を検討しても、現在こうした物件は銀行などでは融資をしてくれません。したがって、需要と供給のバランスで価格の決まる不動産取引においては、現金で購入する方にしか買ってもらえないことから、需要が極端に減り価格が安くなるのです。また、仮に「道路」に面していても接している部分の長さ（間口と言います）が2メートル以上ないと、これも同じく建て替えができないことになります。中には、道路に接する間口は2メートルあるのに、奥の家に入っていく途中が2メートルを数センチ欠けていることで建て替えができない場合もあるので、注意が必要です。

[再建築不可物件となる土地の例]

再建築不可物件とは、家が建っていても解体して更地にし、新たな家を建てられない土地のこと。都市計画区域と準都市計画区域内では、建築基準法により「接道義務」が設けられています。接道義務では「幅員 4m 以上の道路に 2m 以上接していること」が義務付けられており、満たさない土地には家を建ててはいけないと定められています。

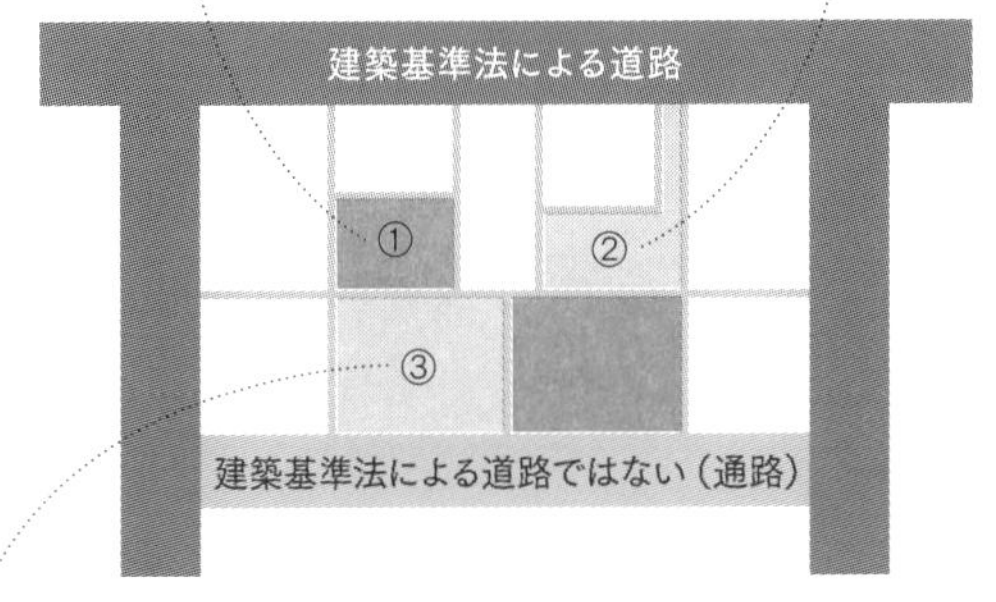
①道路に接していない
土地のどこも道路に接していない場合は再建築不可物件となる
②接道幅が 2m 未満
道路に接している幅が 2m 未満と狭い場合も条件を満たしていない
建築基準法による道路
①
②
③
建築基準法による道路ではない（通路）
③建築基準法上の道路に接していない
接している道路が私道など、建築基準法に準じた道路ではないため

再建築不可物件はどうしてできるの？

なぜこのような接道義務を果たしていない再建築不可物件になってしまうのでしょうか？　実は、建築基準法が設けられたのは昭和 25（1950）年。そのため、昭和 25 年以前に建てられた建物や、都市計画区域などに指定される以前に建てられた家には接道義務を果たしていない場合があるのです。

point

再建築を可能にする方法とは？

再建築不可物件を建築可能にするには、接道義務を果たす土地にすること。2m 以上道路に接するように周囲の土地を購入したり、道路と繋がる土地を追加で購入して合わせたりすることで、接道義務を果たす方法があります。また、周囲の土地所有者にお願いして借地するのもよいでしょう。関係性がよければ、一緒にセットバックして目の前の道路を「位置指定道路」になるよう申請することもできます。隣接地の賃貸借や購入が難しい場合は、戸建て賃貸や、駐車場や駐輪場として活用する方法も考えてみましょう。ただし、その場合でも、ほかの私道所有者から車の通行などに対する承諾が必要となる場合があります。また、「43 条ただし書き許可」を申請して認められれば再建築が可能になります。

再建築不可物件を活用する方法

1. 倉庫として活用する
2. DIY 賃貸（105 ページ参照）やトランクルームとして貸し出す
3. 更地にして駐車場・駐輪場として運用する

第三章

寄付もできない地獄のゴミ屋敷処分費40万!?プラケース処分戦

ただでいいからもらってほしい。人は"負動産"を前にして必ずこう考えることでしょう。

例に漏れず我々もそう思いました。

「そうだ、市に寄付しよう」

市の暴挙によって無価値になった祖父の家を市に寄付するなんて、孔明の罠としか思えません。が、しかしそうするしかない。我々は、もう、この家を一刻も早く手放したいのだ!! この接道義務を満たしていない再建地不可物件、地獄の"負動産"を。

もともとこの家に一番愛着があり、ただで手放すことに難色を示していた叔父は、それ以降も市に接道義務に違反しているのは市のせいなのだからどうにかしてほしいと何度も掛け合ったようです。が、

「無理ですね」

孔明の罠

予期外かつ巧妙な罠など、疑心暗鬼を誘う仕掛けを指す。「孔明」は諸葛孔明で、台詞は横山光輝のマンガ『三国志』で用いられた。

「そんな……」

絶望する叔父。いや、叔父も父も何も悪いことしていないのに。

じゃあせめて市に寄付するので無料で引き取ってほしいと訴えても、

「寄付は受け付けていません」

日本よ、これが日本の公的機関だよ。私がもしありあまる財力を有し（以下略）、時間さえあれば議員さんを紹介してもらい、あらゆる権力のコネで外堀を埋めてから交渉ぐらいしただろうがここはなにせ地の利がない知らん土地！　私自身にもなんの愛着もない。（実際息子である父もそうらしい）。そこまで自分の信用リソースを割いてまでやりたくない。

というわけで、寄付も断られた地獄の負動産。

どうするどうなる。どうしよう。

「そうだ。売れないなら、貸せばいいじゃん」

安易な人間の安易な考えのように思えますが、実際どうやっても手放せないならせめて運用するしかありません。

運用！　すなわち賃貸に出すこと。一ヶ月1万でも2万でもいい。固定資産税ぶんだけでも入ってくれれば、売れない地獄の再建築不可物件でもどうにかなる。……かもしれない。そうだ運用しよう。いまはやりの負動産投資だ。この家が売れないのはもう事実なんだから。

しかし賃貸に出すには、まず残置物の撤去が必須です。なにせ家の中は15年前で時を止めており、父と叔父の家なのに真ん中の叔父の遺物であふれかえっています。

また、真ん中の叔父は救急搬送されてそのまま入院し亡くなったため、家の中は生活していたときのまま。簡単にいうと灰皿は

運用！　すなわち賃貸に出すこと
賃貸として所有している物件を貸し出し、家賃収入を得て不動産運用をすること。

そのまま、流しの排水溝の中は腐った生ゴミが乾いてプラスチックごと変形していたし（おええ）、エアコンは茶色い昭和のクーラー。ホームセンターで売っているような二段のハンガーラックにはクリーニングから戻ってきたままのシャツやスーツがずらり。もちろん奥行きのある巨大な箪笥にも服がぎっしり。寒冷地でもないのに引き出しにはセーターがぎゅうぎゅうのパンパンに詰められていて、樟脳の臭いまで乾いてる。

兄ちゃん、なんで昭和の家は、服が多いのん？

なんでなんでしょうねあれ。服は高いから、大事に長く着るのが習慣だった？ それとも無駄に箪笥があるから保管してしまえた？ おそらく祖母の婚礼箪笥の中もだれのものかわからない衣類で気が遠くなるありさまです。

とにかく残置物の四分の三は叔父と顔も知らない叔母（？）の

残置物の撤去
賃貸として貸し出す際には、実家内に設置された家具や家電などを片付けたり捨てたりしておく必要がある。

服でした。私に気力があればメルでカリして小銭を稼ぐぐらいのことはできたかもしれません。なにしろデザインが昭和。クラブの支配人をしていたらしい叔父の服はなんかもう見るからにバブリーで、演劇関係者や音楽関係の友人に声をかければもしかしたら欲しい人がいたかも。叔母の服も同様でした。

しかし、そんな時間はない！　かくなる上はアウトソーシング。出でよ令和の光スマートフォン。ぐぐれば一発、いくつも出てくる便利屋案内。たすけてだれか。こうなったらすぐにメル凸だ。

それからなんとか時間を作って、片付け屋さんに見積もりに来てもらいました。まあこのとおりのゴミ屋敷。足の踏み場もないありさまですから、それなりにするとは覚悟していた。しかし……。

「仏壇がありますね」

メルでカリして

個人間でものの売買ができるフリマアプリ「メルカリ」に出品して売ること。中古品なども多く出品されており、思わぬ高値が付くことも。
https://jp.mercari.com/

メル凸

いきなりメールを送り付けること。「凸(とつ)る」は「突撃する」の略。

「そうですね、でかいのが」

ウワサには聞いて知っていたが、仏壇を処分するためには"仏壇じまい"が必要、つまり仏壇屋さんに来て貰わねばならず、お値段は10万からだという。

「じゅ、10万!?」

「仏壇処理だけに10万!?」

いっそ、とち狂った私が般若心経唱えながらマキタのチェーンソーで破壊してやろうかと動転するぐらいにお高い。

「仏壇が大きいんで」

「ああ、そうですよね。うう、仏壇がでかいつらい。実家の仏壇って何でこんなにでかいんだ」

でかいのは仏壇だけではない。なんせ平成初期から時を止めている家。もっといえば、真ん中の叔父は家がないくらい貧乏だっ

マキタのチェーンソー

世界のシェア第2位を誇る総合電動工具メーカー「マキタ」のチェーンソーのこと。本格工具メーカーとして、性能に定評があり、家庭用として掃除機なども普及している。

たので、生活用品は祖父が使っていたものをそのまま利用していたらしく、家電もぜんぶ昭和。冷蔵庫はナショナル。でかい。洗濯機はサンヨー、二層式。電気代をもりもり食う給湯ポットは象印。なんで三つもあるんだ。いや象印はすばらしいメーカーでいまもご健在ですが。

窓に乱暴に打ち付けられた柱にとってつけた死んだ給湯器。茶色くて巨大なエアコン。四方八方ヤニをすいまくっている人の肺の色みたいな土壁。ふよふよしている畳の間。独特の昭和の臭いを放つ謎のビニール製キッチンの床。なんでオレンジ色が基調なの？　昭和なの？（昭和です）。死に絶えた習慣おばあちゃんの三面鏡。暴力的な奥行きの和箪笥！　それらすべて片付けるための費用は、

「80万です」

ナショナル／サンヨー
今はもうない家電メーカー。

ご丁寧にお帰りいただいた。はい次の業者。

「うーん、50万ですかね」

ここから数社と話し合ってみたのだが、どんなに頑張っても40万円以下にはならなかった。というのも、あまりにもゴミの数が多すぎること。二階の和箪笥を階段で下ろすのが難しいため破砕しなければならないこと。家電はリサイクルセンターに持っていけないくらい昭和なので、完全に処理費が別途かかること。そしてゴミの量が多すぎて一日では終わらないため。

40万。なかなかの金額である。ゼロ円でも売れないし寄付もできないボロ屋に40万かける意味があるのか。それくらいなら、これから固定資産税を払って放置したほうがましではないのか。

「もうだめだ」

ここにきて完全に叔父はやる気を失っていた。おそらく40万円の処分費の半額を出してくれと言ってもなんだかんだとはぐらかされて逃げられる雰囲気だった。まあ気持ちはわかる。だって賃貸に出そうとすると、それだけでは済まない。水道も直さないといけないし、ガスは新しい給湯器設置だけで20万。風呂や排水の見直しや電気工事。もちろん雨漏りがないかどうかの点検などなど、100万近くかかるかも。そうなってくると、もうこのままなかったことにしたい、そう考えても仕方のないことだ。

　だが、叔父はそれでいい。ひどい言いようだが父も叔父も死ねば終わりだ。しかし地獄には終わりはない。負動産は相続される。うちの場合は母が、そして叔父の家は叔母が相続することになる。そして叔母も母も同年代だから、コロナでぽっくりいってしまうかもしれない。そのとき地獄の負動産を相続するのは私と妹、そしていとこだ。

100万近くかかるかも

一般的に賃貸前のリフォームでは約100万円以上が相場。本書ではゴミ処理40万円、水道修理費推定1〜5万円、ガス給湯器設置20万円、雨漏り点検（目視）の相場は3万円以上、もし発覚して排水管工事が発生すると40〜60万円。ゆうに100万円を超えてくることがわかる。

80万なら片付けます
A
40万
B
リノベ100万
つら…

ここで断ち切らねばならないのだ。なんとしても……などというかっこつけても一円にもならないので、私はもてる労働力を投資することにした。すなわちうちの家人と息子である。出でよ若者、労働力様。

「祖父の家を片付けます。協力してください」

一番のパワーは人力だ。私は完璧な計画を立てた。まず一日でこの家のゴミを片付ける。私、父、母、家人、息子で家中に散らかるゴミ類をなんとか片してしまうのだ。まずはそこからだ。

アマゾンで購入したシゲマツ（重松製作所）使い捨て式N95マスクはすぐに届いた。防塵マスクってすごい。朝九時。水も出ない、トイレもない、もちろん電気も暖房もない祖父の家の片付けがはじまった。なにせ電気がないので、日が暮れる前に作業を終えねばならない。しかし、人間というものはいったん時間があいてしまうと、もういっか、という気分になってしまう生き物である。

すべての問題解決の鍵は人間のメンタルだ。つまり今回の片付けの問題は継続性にある。片付き、変化を視認できれば人はなんとかし続けようとするもの。なんとしてもここで片付けに進歩を見出し、実際、片付けねばならない。

「やるんだ、破壊するんだあの昭和を」

我々は猛烈に働いた。ありとあらゆるものをゴミ袋に分別しはじめた。そして悟った。片付けられない人間を増やした悪魔は百均である、ということを。百均のプラケースは悪魔のボックスだ。あそこに入れればなんとなく片付いた気分になってしまう。しかし元来片付けられない人間は、そのプラケースになにを片付けたか記憶を失う。そしてそのプラケースごと見失う。そして「あれ、間違って捨てちゃったかもしれない」と勘違いする。

負のルーティンはこれでは終わらない。なくなってしまったことに焦った片付けられない人間は、まず補充しようとする。そしてここにも百均の罠が潜んでいる。すなわち、「百円だからいっか」、「百均だからいっか」という手軽さによって、またプラケースとプラケースに保管するべき爪切りだの耳かきだのなんだのを購入するのだ。そして買ったことに満足して、プラケースはまた家の中に1セット増え、そして忘れ去られる。片付けられない人間は、探し出すことも出来ない。よってまた、「あれ、間違って捨てちゃったかも」と誤認し、百均に補充にでかける。以下地獄のルーティン、エンドレス……。

いったいいくつでてきただろうか！！！！　このプラケース！！！　気が狂うぞ、エンドレスプラケース!!　絶対許さない。

プラケース

百円均一ショップでよく販売されているプラスチック製の収納ケース。チェスト型や引き出し式など多彩な種類と大きさがある。

「片付けられない人間はプラケースを買うな‼」

やっつけてもやっつけても出てくる地獄のプラケース、百均で買ったであろう品々、洗剤、洗剤、また洗剤。はい、魔界ならぬ腐界との戦い開幕戦はまさに百均プラケース戦。プラケースだけではない。ちぎっては投げ、ちぎっては投げしてもまだ出てくるタッパー、タッパー、またタッパー。

死ぬのか⁉ いやもう死んどる‼

初日はもう、ちぎって投げていた記憶しかない。うちの巨大なるノアに詰んでも詰んでも終わらないゴミ。ゴミ、ゴミの山。すべての引き出しを開け、すべての棚からものを引きずり出し、プラスチック百均ゴミを処分するのに丸一日かかるとは思わなかった。それでも一日悪戦苦闘した成果もあって、この家にあるものの大部分は把握できた。何があるのかわかれば次の手は打てる。

ノア
正式名称はノア（NOAH）で、トヨタ自動車が販売しているミニバン型乗用車。

すなわち、

「ガレージセールだ!!」

私の目にはゴミに映っても、世の中にはいろんな価値観を持った人間がいる。そして思い出せ若かったころを。結婚当初、我々だって、どこのだれだかわからない人から譲り受けたソファやダイニングテーブルをありがたく貰って使っていたのではなかったか。

私のスマホが火を噴くときがきた。

「見せてやんよ、令和の力を」

古い古い水屋簞笥から母が引きずり出してきた食器は、なんといま風でいう昭和レトロ。なんと再ブームが来ているレトロかわいいというやつだった。いいかんじに写真を撮りまくった。家具という家具も撮影した。なんと私の目にはたいしてどうとも映らなかった藤の家具がダイニングセットとシェルフ、チェストとそろっており、(おばあちゃんの家とか銭湯とかの脱衣所にある感じのあれである)。ヤフオクで検索したらまあまあな値段で販売されていたのだ。

いや、発送をしている暇はない。ただでやる。無料で出すからだれか持っていってくれぇ!!

「ジモティー」に投稿した。

”祖父の家の家具、食器、服、全部無料であげます。興味のある方はご連絡ください“

正直、反応があるかは眉唾だった。しかしなにごともダメ元、

ヤフオク

Yahoo!の運営する日本最大級のネットオークション「Yahoo!オークション」の略。

https://auctions.yahoo.co.jp/

ジモティー

近くに住む人と、不用品を売買または無料で譲渡し合えるサービス。品物や金銭の受け渡しは基本的に対面で、すべての取引を地元で行えるため一切お金をかけずに出品できる。

https://jmty.jp/

40万払うくらいならばなんだってやってみる。やってみるは魔法の合い言葉。父がノアでゴミを焼却所まで何往復もして運び、衣装ケースを二階から下ろし、我が家の労働力様息子はいちばんよく働いた。偉い。好き。愛してる。さすが我が息子よ。息子には餃子の王将で好きなものを好きなだけ食べさせた。もうお母ちゃん、なんだっておごっちゃる。さあもう一働きして、若さであのゴミの山をなんとかするんだ。

そうして、奇跡は起きた。

『興味があります。場所はどこですか？』

王将から戻ってきたあと、私のスマホには、30件を越える問い合わせが届いていた。

まずは実家の状態を知ろう

売るに売れない不動産ならば……と「行政へ寄付する」と画策するも断られたという件がありました（56ページ参照）。昨今、日本中で空き家問題が深刻化しているなか、放置された不動産を行政が管理していくことはもはや不可能です。価値のあるものしか受け取ってもらえないと考えるべきです。では、価値あるものとは何か？　と問われれば、処分がしやすいということだと言えます。例えば、相続が発生した際の「物納」という方法を聞いたことがあるかと思います。相続財産に占める不動産の割合が約4割を占める現状において、財産はあるけれど現金はないというケースが多くあります。基本、国税は金銭で納付することが原則ですが、相続税に限り相続財産による納付ができます。これを「物納」と言います。

私のお客様でもよく「最悪、物納するからいいよ」ということをおっしゃる方がいます。しかし、この「物納」にはかなり厳しい要件があるのです。当然、納付するための金銭的に困難な事情があることは大前提ですが、ここでも処分しやすいかどうかが求められるのです。その代表的な要件が「境界が明らかである土地」であるということです。この境界とは、その土地のお隣さんとの境界線や、前面道路との境界線について互いにその位置について合意しているということです。実は、この隣地との境界が未確定であったり、昔に揉めたりした土地がものすごく多いのです。ちなみに、この境界が未確定ですと「物納」だけではなく、単純に第三者に売却しようとしても売りづらくなります。相続が発生して、相続人が隣地の方々と立ち会いを行い（多くの場合は、その手続きは測量士などに依頼します）話し合うものの、相続人は知りもしなかった親などの被相続人の代で起こった近隣住民とのトラブルや、いざこざが発覚し合意してもらえないことも多々あります。相続が発生する前からの準備が求められるのは、こうした実情からでもあります。

[家の方針を決める前に知っておくこと]

親の家、つまり自分にとっての実家をどうするか、まずは「住む」「売る」「活用する」など方針を決めるのが重要です。相続発生から相続税申告までの期間は10ヶ月間と意外にスケジュールが短く、事前におおまかな方針を決めたいところ。まずは下記の書類で、不動産の名義人や所在地、接道や境界などの問題の有無について把握しておきましょう。

●登記事項証明書（登記簿）

土地の所有者の名前を確認できる。親がその親から相続した場合、名義変更されていない場合もあるので注意。土地、家、建物、マンションなどの不動産所有者の住所氏名、所在、大きさ、構造や地目などが記載された証明書。

●公図、地積測量図

登記上の土地に付されている地番区域の名称や方位、縮尺、地番、土地の面積を記載。面積測定の方法なども記載。境界標の種類、境界点間の距離などもわかる図面。ただ実家が古いと法務局が保存する公図や地積測量図が現状と異なる場合もあり、隣家とスムーズに話し合うためにも、土地家屋調査士に境界確定・測量を依頼したい。

●建物図面

特に木造住宅であれば、図面とあわせて屋根や外壁など大規模修繕の記録も確認しておきたい。実家がマンションの場合は管理組合の活動状況から大規模修繕や修繕積立金の情報をチェックしておこう。

●登記識別情報通知書（登記済証／権利証）

実家売却時には法務局に提出する。土地や建物の登記名義人に通知される書類。抵当権の設定登記をする際、抹消登記をする際、不動産の所有権移転登記をする際などに利用する。

●固定資産税の納税通知書

固定資産税の納税義務者は「1月1日時点の土地の所有者」のため、1月1日時点で相続手続きがされている場合は相続人に納税義務が発生する。年の途中で不動産を売買した場合は、登記の転移日に応じて売主と買い主の負担割合を決めるのが一般的。

point

売る前に確認したい隣地との境界線

土地と隣地、土地と道路との境目を「境界」と言います。相続した土地を売る場合には境界の明示が重要になります。土地の売買や相続にあたり、土地の境界がトラブルの元となることはよくあります。土地登記簿が実際の土地の実情と違うといったケースは多いため、注意しましょう。特に、昔の土地測量は精度が低かったり、長年住むうちに境界標がずれたり破損したりして、境界があいまいになった土地があります。こういった土地は将来、トラブルの元となるため、売買契約を行う前に確定測量図を作っておくのがオススメです。確定測量図は、前面道路や隣地の所有者が立ち会い、すべての境界が確定されて発行されます。

第四章

ゴミだらけで昭和で時を止めたタイムボックスにまさかの価値

ガレージセールをします、と打ち出し、最初にやったことは、家の前に大量の叔父の服を出すことでした。

幸いいいお天気の日であったので、家で作ってもってきた「全部無料。ご自由にお持ち帰りください」の看板をよく見えるように窓に貼り、商店街の威勢のいいおばちゃんのように「寄ってってー」と声をかけました。兄ちゃん、なんで昭和の服ってこんなに重いのん？　パイプ製の洋服ハンガーが服の重量で斜めになってもなんのその。二階からどんどんと叔父の服を運び出していきます。

あと、玄関のシューズボックスから出てきた大量の大工道具がやばかった。いま思えばあれらもこつこつ売ればよかったんでしょうが、そんな気力はない。絶対にない。見る人が見ればお宝だったはずの大工道具、ノミやカンナや、使い込まれたハンマー

(?・)などもありましたが、それらも全部、かつて公道だった隣の私道に出し、人目につくようにしました。もちろん隣の親戚には母がなんかお菓子などをもってきっちり挨拶には行きました。

一気に人が押し寄せてもな、と思ったので、家に来ると連絡があった人には30分ほどずらして案内するようにしましたが、途中からそんなことも言ってられなくなりました。どんどん増える連絡。こっちは来た人の対応と同時に片付けもやっています。もうどうにでもなーれ。

「全部無料です。早い者勝ちなのでいつでもいらしてください!!」

最初に来訪したのはおじいちゃん。叔父の服を熱心に見て回っており、「一度車をとりに帰ります」と言ってやる気まんまんで再来訪。服はどれほど持って帰ってもらってもよかったのでほぼフリーパスです。すごい地味な格好をした地味なおじいちゃんでしたが、バブリーな叔父の服をどうするんだろう。コスプレが趣味なのかもしれないし、ああ見えて社交ダンスとかやってるかもしれない。

次に来たのがダイニングセット目当ての若い夫婦でした。この家に唯一ある高価な家具といったらこの無垢材の巨大なダイニングセットです。使用感はありましたがなにせ無垢材。サンダーさえあればいつでも新品同様です。

こんな古い家にボロをもらいにくる人々ですから、DIY力にも溢れているもの。すぐに「こんな傷すぐ削ったらいいよなあ」、「これはいい木だわ」と気に入ってくれました。あまりにも重かったので軽トラを近所で借りてくるとパパさんが帰宅。その間、残ったお子さんとお母さんとでほかのものを物色してもらいます。

次に来たのが、鍋がほしい主婦の方。割と鍋っていくつあって

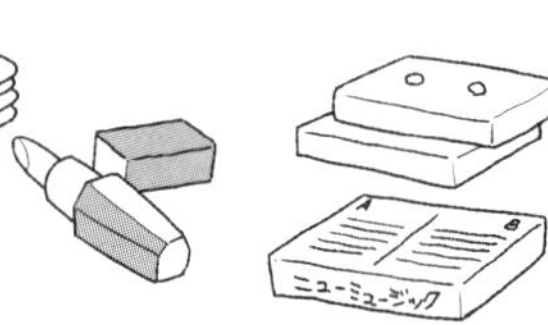

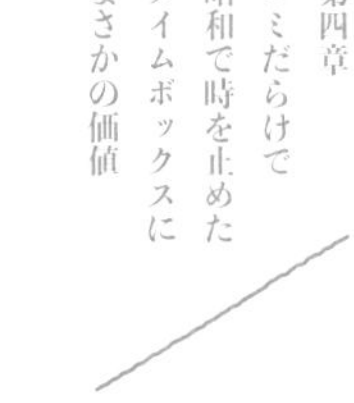

ガレージセールだ！

もいいものです。古い園芸用品もたくさんあったので、「こんなものでいいのかな」と思いつつ植木鉢まで持って帰ってもらいました。ミイラになったサボテンつきで。

びっくりしたのが、縁側ですっかりカピカピになっていた観葉植物の古い土まで持って帰る人がいたことですね。なにせ町中なので庭がない人も多く、土ってわりと買うと高いもの。「生ゴミと混ぜますわー」といってゴミ袋にぜんぶ空けて持ってかえってくれたおばちゃんがこの日のMVPでした。

「もしかして、ここの遺物には思った以上に価値があるのでは?」と私が気付いたのは、母が水屋箪笥をあけて中の食器を応接間に並べ始めたときでした。

そういえば、昨今昭和レトロブームなるものが来ているらしい……。

私が生まれた昭和50年代もかろうじて含まれるようで、あのころの家の台所にふつうにあった玉すだれや（なんで必ずあったんだろうあれ、結界なのか？）、フルーツの輪切りの断面がプリントされたグラスなどなど。あとは人形やかごバッグ。高い位置専用の扇風機。ラタン家具。水差し。そういえば鍋にもかならずプリントがありましたね。いまはほとんどないような。

なにせざっと見積もって祖父が暮らしていた時代から30年、時がとまった家です。祖父の衣類もそのままだし、なんなら祖母の使っていた半纏まである。中でも興味深かったのは叔母のものらしいセーターやジャケットやトップス。いい言い方をすればまるで古着屋のよう。

もちろん虫に食われているものもあるでしょうが、まあ、そんなものでも使う人は生地代わりに使うもの。

ワゴン車とともに再び舞い戻ってきた最初の客のおじいさんは、思った以上に人が来ていたことに焦ったのか、さっきの倍速の動きで叔父や叔母の服をワゴンに積み込み始めました。聞けば少し離れた場所で服のリユース店をやっていることのことで、いやあ、なんでもお知らせってだめもとで出すものですね。どおりで服ばっかり見てると思った。

「これはいける。できるだけ素人っぽく、しかし昭和レトロ感が出るように写真をとってみよう」

私はジモティに二度目のお知らせを出しました。レトロ推しで食器、小物などが映えるようにうなる私の iPhone 13 Pro、スピーカーにバグがあるのにアップルが一向に認めようとしないことは一生許さない。

「うわ、すごい。めちゃくちゃ通知が来てる！」

私が予想した以上にそれらの過去の遺物には価値があったようで、写真を載せるとすぐに連絡が入り始めました。中でも驚いたのが、「いまからすぐ行くので、写真に写ってるモノぜんぶください。動かさないで！」とすごい勢いで連絡をくれたFさんでした。

「動かさないでって、殺人事件の現場か……」

あまりの熱意というか迫力に圧倒されながらも、まあそんなわけにいかないので、来ている人たちを案内しつつ、片付けつつ……。そうこうしているうちに軽トラックが到着し、廃屋探検も終えたお子さんをうちの息子が見張りつつのダイニングセット搬出。一家は「高いものをありがとうございますー」と終始笑顔で去っていかれました。よし、ダイニングが広くなったぞ。次は山のようにある訳のわからないスチール棚だ。

納屋なんかに工具を収納するためにあるスチール棚がなぜか至る所にあり、底に詰まれた衣装プラケースの中から無限に沸いて出る衣類。謎のおもちゃ。いとこが子どものころに着ていたと思われる服まで見つかりました。

「これは逆に引き取り手があるかも?」と思った瞬間目の前を横切る黒い影。あ、あなたは最初にやってきてすぐにワゴンとともに再来した古着屋のおっちゃん。そうでしたね。どうぞどうぞお持ち帰りください。

そして時間通りにやってきた隣町のご姉弟は、どうも引っ越してきたばかりらしく、家具がなにもないとのこと。だめもとでラタン家具を勧めてみると、「これ、いま買うと高いんですよね」みんな知ってた昭和レトロ意外と高額問題。すぐにラタン家具のシェルフ、長椅子。チェア二つ。ダイニングテーブルとサイドテーブルに予約が入りました。ラタン家具だといざというときに搬出もしやすいし、奇跡的に状態もよかった。そう。なぜかこの家、湿気がないんです。その理由は、のちのちに判明するのですが……。

そして最後に背の高くて若い兄ちゃん、その場のものを動かすなという謎指定をしてきたFさんが到着しました。

「これ、動かしてないですよね⁉」

「え、は、はい……たぶん」

なんで事件現場でもないのにそんな……？　もしかしてきみは覆面税務署員とか覆面捜査員とかだったりする？　我々身内が知らないうちにこの空き家がなんらかの現場になってたり、する？

「何だろうあの人」

「写真に大麻でも写ってたかな」

思わずヒソヒソ声になる私と母。

しかし何度見ても窓際と縁側にあったのは枯れて死の大地と化していたカピカピのプランターとサボテンしかない。大麻どころか生命が育つ要素がなにひとつないが！

「いいですか、ここ一式、ぜんぶ貰います。いまから運び出すので触らないでください！」

謎の兄ちゃんは嵐のようにやってきて、その場を仕切り始めたのだった。

「ドレッサーの引き出しはあけましたか」

「あ、はい。でも古い化粧品とかしか出てこなかったですよ」

叔母は化粧品販売員だったらしく、山のようにポーラ化粧品の試供品が出てきたし、30年前のディオールの口紅とかでてきて、そういえば昔からディオールってこの不思議な藍色のスティックケースだよなあとしみじみ楽しく見ていたのだった。私が見る限り、カフスケースやジュエリーケースもないわけではなかったが、中は空っぽだったし、そんな高価なものがあればそもそも叔父は兄弟が相続した実家に住んでいたりはしなかっただろう。バブルがはじけたあとは水商売も大変だったと聞くし。

そこにさっと横切る黒い影。あっ、あなたは最初に来た古着屋のおじさん。しかしFさんは鋭い視線を投げかけ、

「あの人はそこの引き出しを開けてましたか?」

「えっ、さ、さあ……?」

そんなことを言われても、この家からひとつでも多くものがなくなればいいと思っている私たちは困惑するのみ。

「もし、貴金属類が出てきたら、……いえ、何か出てきたら、必ず僕に声をかけてください。ちゃんと買い取りますので」

「あー、はい……」

兄ちゃんはきびきびと、大きなプラスチックボックスに食器という食器を詰め込みはじめた。

「これ、あとで取りに来ますんで、キープということで」

どれだけ持ってきたのか、どんどんプラケースを取り出し、食器類をすべて確保してしまった。手持ちのボックスを使い果たしてもまだあるうちの家の残置物の量もやばいが、兄ちゃんの意欲もすごい。

「この衣装ケース、いただいていいですか?」

「はいはい、どうぞどうぞ」

「じゃあ、ここのプラケース全部使いますので」

兄ちゃんは相変わらず、古着屋のおっちゃんに鋭い視線を投げかけながら、引き出しという引き出しを片っ端から開けていく。

おそらく同業者だとひと目でわかったのだろう。おじいさんは相変わらず服をせっせとワゴンに詰め込んでいるだけだったが。

ここで勘の悪い私でも、にいちゃんは「残置物せどらー」なんだなということがわかった。古い家の片付けを無料でするかわりに、もしくは格安で請けるかわりに残置物の中から価値のあるものをネットオークションなんかで売る人がいることは知っていたが、まさかこの家にプロのせどらーが来るとは思っていなかった。あのときにアップした昭和レトロ感満載の写真がどんぴしゃだったというわけだ。

昭和レトロな食器をすべて確保すると、兄ちゃんはすぐにほかのものを物色しはじめた。

「金属製のものはすべて引き取ります」

と、大工道具の中に大量に残されていたビス類をはじめとして、

残置物せどらー

「せどらー」とは、商品転売によって利益を得ている人のこと。古本・中古品などの商品を安く仕入れ、転売して利ざやを稼ぐことを「せどり」という。今回の場合は、家具や家電、食器類などを仕入れる不動産残置物に狙いを定めたせどらーだと考えられる。

さびさびのスチール棚などにキープのガムテを張り始めた。兄ちゃんはあきらかにラタン家具も狙っていたようだったが、一歩先に引き取りを決めていた姉弟が勝った。姉弟はプロのせどらーと違って一般人なので、一度に家具を全部持って帰れない。しかし私たちは日が暮れればガレージセールを閉店して家に帰る。二人が知り合いにトラックを借りてもその日にこちらに来られるかどうかは不明だ。

「一週間後なら、なんとか」

私はグーグルに今週の天気予報を聞いた。急いでこの話をまとめるために、ある計画を思いついたのだ。今週一週間は晴れ予報なので、台風が来ないうちに片づけを終える必要があった。食器でいっぱいになったプラケースを運び出し、戻ってきたせどらーの兄ちゃんに交渉することにする。

「Fさん、たしか、給湯器とエアコンを持って帰られるんでしたよね」

「はい。でも今日は思ったより荷物が多いので、できれば別日にも取りに来たいのですが」

「わかりました。では、もしFさんがそういうお仕事を請けておられたら、お願いしたいことがあるのですが」

私は、エアコンと給湯器その他を持って帰る日にこちらに家を開けにくる代わりに、Fさんに、二つのことをお願いした。

「処分費がかかる冷蔵庫、洗濯機、仏壇の処分と、この山のようなゴミ袋をゴミ処理場までトラックを出してもらいたいんです」

給湯器や古いエアコンの中には、なかなかお金になるレアメタルが含まれていることがある。これをミックスメタルなどと呼ぶことがあるらしい。古いものでも修理して輸出することが可能な

ミックスメタル
鉄と非鉄の金属類の混合物スクラップのこと。種類ごとに分別することでリサイクル可能となる。

ものは、せどらーが無料で持ち帰ってくれることもあるのだ。しかし、無料で回収をうたっている業者は、回収はするが取り外しは有料とか、あらゆる難癖をつけて結局お金を支払わせるので、安易に依頼するのは危険。その程度の知識は私にはあった。だとしたら、チャンスはいまだ。Ｆさんは昭和レア食器を無料で仕入れることができる我が家に対して法外な値段をふっかけることはできないはず。ならば、手間賃を交渉次第でついでに洗濯機、冷蔵庫、いまどき分厚いブラウン管テレビ、ばらさないと二階からおろせないベッド。でかすぎて動かせない水屋箪笥や大量のふとんなどを処分してくれるかもと思った。

「いいですよ。経費はいただきますが」

20年もののナショナルの冷蔵庫、二層式洗濯機、ブラウン管テレビ×2、昭和のエアコン二台。これに水屋箪笥の処分。昭和の三面鏡×2(なんでふたつもあるんだ)。大量のふとん。二階のベッドの解体と搬出。そして巨大な仏壇。ずっしり重い昭和の和室用テーブル。お金にならないレベルの合板のチェストなどをすべて処分してもらい、ゴミを二往復して焼却炉まで運んで、8万円でお願いしした。

当初仏壇は招魂抜きをしていなければ処理をすることはできないといわれたので、母方の檀那寺に電話して、御院さんに相談。「弔いあげも終わってるし、そのままゴミ焼却場にもっていっても問題ないですよ」とのことなので、お墨付きをいただいて無事、仏壇はただの粗大ゴミとして処分してもらうことになった。

Fさん曰く、昔の仏壇は金箔や高価な金具などが使われていて、外国人にインテリアとして人気なのだそうで、

「インテリア……なにに使うんだろう」

招魂抜き
仏壇を動かしたり処分したりする前に行う儀式。読経によって魂を宿らせていた仏壇や位牌などに再度、読経を行い、魂を抜く儀式とされている。

檀那寺
自身が帰依する特定の寺院。つまり檀家となって支援している寺院のこと。

御院さん
寺院の人のこと。住職の呼称「ご院主様(いんじゅさま)」の略称。

「うちの仏壇が、なんか海外のおうちでコーディネートされるかもしれないんだな」

などと思うと家族そろって遠い目になった。ちなみに、うちは至ってシンプルな仏壇だったのだが、宗派によってはきらんきらん、しゃらんしゃらんな金具などの細工もあるため、バラバラにしてアクセサリーなどに再利用されることもあるそうだ。まあ、それをいうなら、我々も聖書とか、磔刑像とか教会の燭台とかインテリアとして飾ってるしね。

せどらーさんに話を聞いて一番驚いたのが、家族写真までも資源として活用することだった。

よく、仏壇の天井付近に亡くなったご先祖様の写真が飾ってあったりしませんでしたか？　あれって気軽に写真が撮れるようになった時代から始まったことだと思うので、日本の伝統でもなんでもないと思うんだけどね。とにかく、うちも例に漏れずご先祖写真があり、そして叔父が友達や家族と撮ったのであろう写真が、写真立てにおさまってあらゆるところに飾られてありました。

とくに高価な写真立てでもないからゴミだろうと思っていたら、アルバムごと引き取るという。なんでも、戦争などで焼けた東南アジアの村や、もともと写真など撮る習慣のなかった場所から出てきて一代で財産を築いた人々が買っていくらしい。

「え、われわれが西洋アンティークだと思ってモノクロ写真を飾るみたいにですか？」

「いえいえ、そうじゃないんですよ。自分たちの先祖の写真代わりに飾るみたいです」

どういうことかピンとこず、つっこんで聞くと、つまりもと日本軍の占領下だった地域はとくに日本人の古い写真があっても違和感がないので、我が家は伝統ある家ですよ、あるいは家族が仲良しで、代々続いている家なんですよ、というアピールをするためのインテリアとして使われるのだそうだ。

「うちの叔父が？　インドネシア富豪の父の役になったりするわけ？」

「まさかの写真が異世界転生」

「異世界じゃないけど、異国転生……」

まあ叔父はわりと濃い顔つきで、インドネシアでバリバリの石油マンやっていたと言っても違和感はない、かもしれない。まあもう亡くなった人だし、置いておいても保管場所もないし、なにより、とくに愛着もないので、そのままインテリアとして輸出されることになるだろう。なにかの捜査を攪乱させることなく、インテリアとしてよろしく活用してほしい。

そうこうしているうちに、ゴミ屋敷だった祖父の家もだんだんと隙間が見えてきた。ラタン家具をぜんぶ引き取ってくれた姉弟は、最後のエアコン取り外しゴミ出し日に改めて来てもらうことになり、買った当時はそれなりにお値段しただろうラタン製のリビングセット一式、すべて第二の人生？　いや家具生をはじめることになった。幸せになってほしい。

仏壇も無事処分、古い家電もリサイクル法にのっとって処分され、二階の祖母の婚礼ダンスだけはもう階段をおろせないというので、大工のいとこが急遽出陣、バッキバキに解体してくれ、産業廃棄物としてこれまたトラックで無事搬出。二階にあった謎のクラブ店用の装飾電飾も価値がありそうということでFさんが引き取ってくれた。最初にやってきた古着屋のおじいさんは、Fさんが現れあらゆるものが売約済みになっていくなか、マイペース

リサイクル法

「家電リサイクル法」によって、特定家電の処分にはリサイクル料金を支払うことが定められている。メーカーや品物によって料金が異なるため要注意。おおむね1000〜5000円。

に服だけを運び、最終的には全部詰んで持って帰ってくれた。これは本当にありがたかった。

最初は40万といわれた片付けも、ちょっとした頭脳とテクノロジーと家族の動員で、8万ですんだ。あれだけ、ものであふれかえっていたゴミ屋敷からすべてのものが消えると、びっくりするぐらいに広かった。

「終わった」

「終わったね」

「やり遂げたね」

いや終わってない。やり遂げてない。ここからだ。ゴミ屋敷がボロ屋敷になっただけ。ここから賃貸運用するためにライフラインを修復する、そのために市とNPOに連絡をとって空き家バンクに登録し、あわよくば補助金で新しい給湯器などをつけて人が

市とNPOに連絡をとって空き家バンクに登録

空き家物件情報を地方公共団体のホームページ上などで提供する仕組みのこと。NPO法人が管理を行っている場合が多く、登録には指定NPOに連絡が必要となる。

住める状態に戻さなくてはならない。

「めんどい」

気が遠くなった。考えるだけで、あまりにもめんどい戦いだった。そもそも、誰ひとりこの家を収益物件にしたいとは思っていないのである。

ちなみに、私は伊豆に築75年の家を買ってDIYしてセカンドハウスライフを楽しんでいるが、この祖父の家のある地域にはからきし興味はないし、不動産投資はしたくない。その理由は、お盆やお正月で集まるたびに、女は狭い台所に押し込められて、男だけがリビングで酒を飲んでいた過去がよみがえって死ぬほどむかつくからである。出来ることなら破砕して更地にしたい。いや、できない。なぜなら目の前の公道が売られてしまったから!!

できれば売りたい。手放したい。でも売れない。目の前の道、

補助金

空き家所有者への補助金制度を設けている自治体も多い。金額や条件などは実家のある自治体のホームページを確認。

おまえはなんで道みたいな顔して道じゃないんだ!!

片付けがあまりにもうまくいってしまったことによって、父も上の叔父（なにもしていないが）も、なにか終わったような感慨にふけってしまっていました。これはまずい。放っておいたら片付けをしたという謎の達成感で満足し、このまま数年放置してしまうやつや！

この時点で季節は春から夏に移り、とてもじゃないが何度も田舎に通ってなにかできるような気候ではなくなっていました。私たちはひたすら台風が直撃して雨漏り瓦ふっとび水道管破裂浸水などの問題が起こらないか祈りながら、涼しくなるのを待つしかなかったのです。

父も叔父も母もそれ以上やる気がなかった問題に着手したのは、10月に入り、やっと涼しくなったころのことでした。

ここから私は叡智を駆使し、仲介を入れずに客付けしてこのボロ屋を手売りしたのです。

[あなたはどれ? 実家の方針まるわかりチャート]

親が老人ホームに入ったり、居なくなったりした場合、今後は実家をどうするか？　というのは切実な問題です。家の状況を把握したうえで、どのように扱うか方針を決めていきましょう。

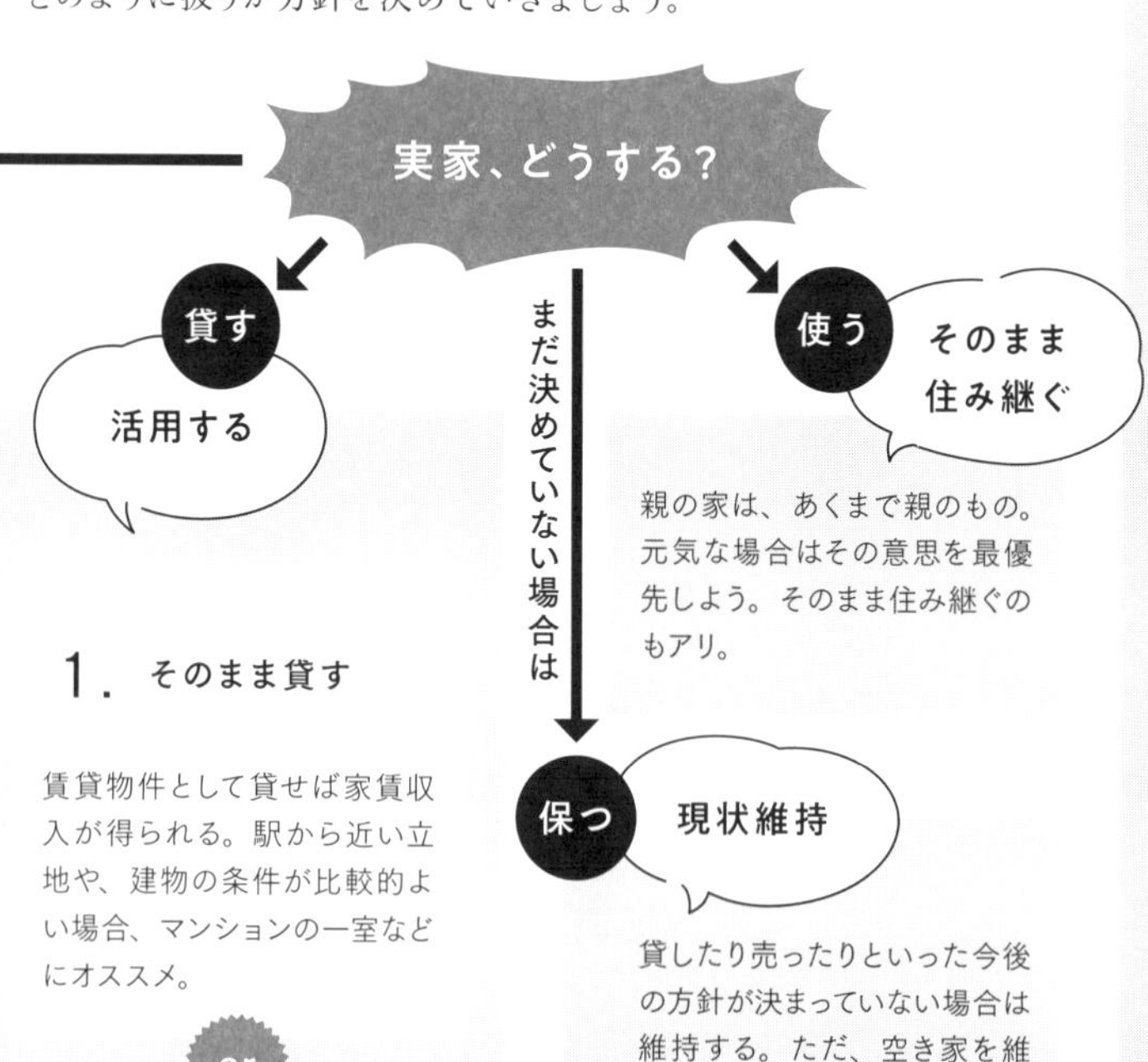

親の家は、あくまで親のもの。元気な場合はその意思を最優先しよう。そのまま住み継ぐのもアリ。

1. そのまま貸す

賃貸物件として貸せば家賃収入が得られる。駅から近い立地や、建物の条件が比較的よい場合、マンションの一室などにオススメ。

or

2. 家を変えて土地活用

アパートやマンションの経営や、駐車場などにして土地活用する。賃貸経営は初期投資が必要だが、収益が安定。駐車場は狭小地でも展開しやすい。

保つ　現状維持

貸したり売ったりといった今後の方針が決まっていない場合は維持する。ただ、空き家を維持するには相応の費用がかかるため把握したい。

〈 空き家維持の費用一覧 〉

土地・建物の固定資産税
土地・建物の都市計画税
電気／ガス／水道／電話
などのライフライン維持費
保険
庭などのメンテナンス費用
メンテナンスにかかる交通費

処分する 売る

1. 相続前に親の代わりに売る

子が親名義の家を売却するには「代理人」となる必要がある(後述)。

・委任状を用意する（任意代理）

親が健在な場合は委任状を作成して「代理人」になる。遠方などの理由で売買契約に立ち会えない場合も有効。

・認知症などの場合（法定代理）

親が家の売却意思を示せない場合には「成年後見制度」を利用して売却を行う。

2. 相続してから売る

相続登記を済ませ、信頼できる不動産会社がない場合は、早めに複数社から見積もって査定額を比較する。

point

「DIY賃貸」(106ページ参照)は契約条件がキモ！

DIY賃貸は通常の賃貸物件よりも安めの賃料や、原状回復義務がないことが多いため、借り主と貸主の状況に応じて、きちんと契約時の取り決めを行うことが大切です。

DIY賃貸のとき決めておくこと

- DIY費用の負担者は借り主か、貸主か?
- 工事実施者は借り主か、貸主か?
- 工事部分に関する所有権
- 原状回復義務はあるのか?
- 明け渡し時の清算について

column 4

実家を相続したら、どうする？

実家や空き家を相続した場合、施す手立ては「売る」「貸す」「使う」「保つ」の4つです。

ちなみに、「保つ」とは利用方法が明確になるまで維持管理する状態です。部屋の風通しを行い、草刈りやポストの中の整理、場所によっては雪かきなども行う必要があります。また、老朽化が激しいとゴミの投げ捨てや軒や屋根の崩落なども懸念されます。これらを外部業者に委託することも可能ですが、費用負担が発生します。

さて、本章では「使う」というシーンを終えて「貸す」という仮説に向けての準備がなされていました。とくに、相続から間もないタイミングですと、思い出のある家を「売る」という選択に辿り着くのは、心理的にも容易ではありません。そこで、とりあえず「貸す」ということを検討する方が多くいます。ここでポイントなのは、「改修」と「回収」つまり、費用をいくらかけて、或いはかかって、そして何年で元が取れるのか？という問題です。かつてないほど建築資材が高騰している時代において、それに見合った賃料が安定して取れるかの見通しは重要です。賃貸に出すために必要な、クロスやフローリングの張り替えや、最もお金のかかるキッチンや風呂などの水回りの交換費用は合計すると数百万円になることはざらです。

そうした中、最近改めて注目されている「ＤＩＹ賃貸」という方法があります。

これは、住宅の所有者が改修を行わず、現状の部屋の状態で賃貸し、入居者が自ら費用を出して部屋の改修を行う賃貸借契約です。本来であれば住宅所有者が負担すべき改修費用を、入居者が希望する改修を許諾することで、入居者に費用を負担してもらいます。

この場合、賃借人が退去した場合に、原状回復などを求めることができなくなりますが、あらかじめ改修に関する範囲や内容について取り決めをすることで、そのリスクを減らすことも可能です。

第五章

不動産素人のただの作家が、仲介を入れずに家を捌けるか

じっくりと考え、頭を使えばたいていのことは処理できる。

……たぶん。

さて、ゴミがなくなった我がボロ家。これで終わったわけじゃない。なにも終わってない。ここからが本番です。

まず、空き家バンクに登録するために指定のNPOに連絡を入れてみた。いまはズーム面談とかも普通なので、さくさく話が進む。いろいろレクチャーを受けてみると、やはり登録するためには最低限のインフラ復旧は必須で、しかも補助金は当然後払い。しかも補助金が通るかどうかは申請してみないとわからない。つまり、ある程度まとまった前段階出資が必要だということだった。

もうこの時点で無理だということがわかった。父と上の叔父はあの家のためにこれ以上びた一文払わないだろう。片付けを終えたことで父と母は妙な達成感を得てしまっており、私が強引にこ

空き家バンク

100ページの注釈で前述した通り、全国の市区町村が実施している、空き家または空き地のマッチングシステム。担当部署が窓口となり、空き家を売り貸ししたい人と買いたい・借りたい人をつなぐ。登録・閲覧は無料。実際に売買や賃貸する場合は、民間の不動産業者に仲介してもらうため手数料がかかる。登録無料のため、価格も比較的安い傾向。

指定のNPO

空き家支援策の一環とし

とをすすめないと一ミリも動く気がしないのだった。今日の晩ご飯に唐揚げ作って、といえば作ってくれるのに、役所の担当部署に連絡して手続きをとるのはできないという父と母。私には唐揚げを揚げるほうが一億倍めんどいわけだが。

空き家相談室なるところに相談すると、賃貸で貸すだけではなく、再建築不可物件など難あり物件でも引き取ってくれる業者を紹介できるという。それらの業者は当然市と取引がある信用ある業者なので安心してほしいという内容だった。不動産屋もピンキリで、素人相手だとひたすらナメてかかられたりするので、間に公的機関が入ってくれればいうことはない。

しかし、時間がかかりそう。私は即断即決即行動の女。行政のペースで待っている間にできることはやってしまいたい。

というわけで、自身で手売りするにはどうしたらいいかリサー

て、市区町村から指定されたNPO法人等が公的立場から空き家に関する活動をしやすい環境が整備されていることが多い。

最低限のインフラ復旧

この場合、電気・ガス・水道や、実家内の片付け・整備一式を指す。

補助金

金額や条件などが自治体により異なるため申請時に確認。

前段階出資

家を貸し出すにあたりにかかる。自治体によってはインフラ復旧や片付け代を要求される場合がある。

チすることにした。

　というのも、ご存じの方はとっくにご存じだろうが、建築基準法がこの2025年に久しぶりに改正される。ここで一番取り沙汰されているのが四号特例の縮小だ。

　四号というのは、木造二階建てのいわゆるファミリータイプ戸建てのことなんだけど、いままで建築申請がほぼ要らなかったのが、ちょっと厳しくなる。一番やっかいなのが図面など残っていない築古や古民家などをリフォーム・リノベーションしたいのに、工務店側が請けてくれない可能性が高いということだ。なぜなら建築申請するのに図面が必要だが、それがなかった場合、建築士に依頼して一から作成せざるをえなくなる。めんどくさいし、高額だし……ということでいろいろハードルが高いのだ。ということは、我がボロ屋のリフォームハードルも上がるので、売却に時

建築基準法
建築物の敷地・設備・構造・用途についてその最低の基準を定めた法律のこと。

四号特例の縮小
四号建築物とは、いわゆる「小規模の建築物」のことを示す。四号建築物ならば特定の条件下で、確認申請など、建築審査の一部を特例として省略できた。（木造建築の場合は2階建て以下、延べ床面積500㎡以下、高さ13m以下、軒高さ9m以下。木造以外の建築

間がかかる、もしくは売却できないということも十分あり得る。

いまだ、いましかない。メディアが騒ぎ始める前にささっと売るにはいましかない。幸い、いまはゼロ円ボロ戸建て投資がブームになりつつあることを私は知っていた。完全に趣味で見ているのだが、昭和のころに建てられたボロ屋をただ同然で仕入れて自前で直し、賃貸に出すことで二億や五億といった資産を形成していった人たちがYouTubeで人気なのである。

個人的な雑感だけれど、１００万を１０００万にするより、１万を10万にするほうが百億倍難しい。人気ボロ戸建て投資ユーチューバーの

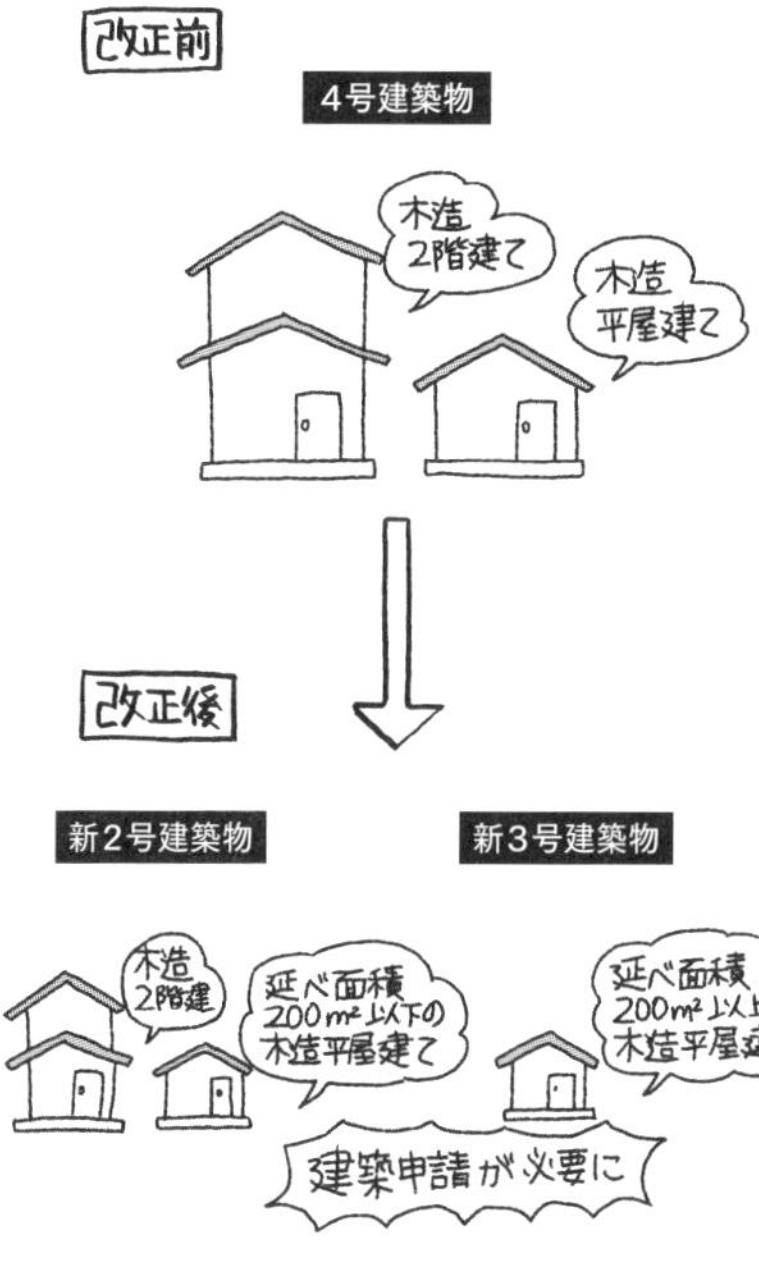

物では平屋建てで延べ床面積２００㎡以下の建物）しかし、２０２５年から四号建築物は新たに創設される新二号建築物・新三号建築物に振り分けられるため、確認申請の際に構造・省エネ関連の図書の提出が必要になる。

中には1万円で買った家を月4万で貸して成功している人がいるけれど、初期投資として資材代が重くのしかかる。CF(クッションフロア)と水回りだけでもどんなに安く見積もっても6万7万はかかるし、自分という労働力には道具代も含まれているため、とにかく極めようとすればするほど工具代が高くつく。つまり純粋に1万円で戸建て投資することは不可能で、やはりそこは数十万の元手が必要だ。

それでも夢がある。家というものに魅力を感じる層は一定以上いる。そういうボロ戸建て投資やりたい勢にとって、我が実家は最高の物件だ。なにしろ田舎過ぎない。JRの駅までもギリギリ徒歩圏ででかい病院もあればスーパーも近い。これだ、ここをターゲットに家を売るにはどうしたらいいか。

私は鬼のリサーチャーと化した。まず、四国でボロ戸建て投資

CF(クッションフロア)
クッション性のある塩化ビニール素材でできた床材。フローリング風の見た目が多い。

をやってもはやその界隈では知らない人はいないと思われる「アングラ民族」さんを徹底的にマークした。アングラさんは定期的にDIYの技術を教える勉強会を行っており、塾生を募集し独自のDIYサロンを形成していた。これだ。「アングラ塾生」でググれば、いままさにボロ戸建て購入を検討している買い手に出会える可能性がある。

アングラさんご本人に売りたいとも思ったけれど、インスタでフォローしたりあれこれアプローチしてみたが反応はなかった。うーん残念。しかし次だ次。人生は次の一歩が速いほうが勝利に近い。Xやインスタ、フェイスブックをサーチしまくってアングラ塾生をマーク。近畿圏内で活動している人のリポストを毎日観察し、資金状況、進行などを把握した。問題は彼らがどこから仕入れているかによる。もう慣れた人たちは、一軒目を紹介してく

「アングラ民族」

不動産投資系の動画チャンネルを運営するトップYouTuber。登録者数約4.2万人。古い物件の不動産を購入してリフォームやDIYまで行う。

https://www.youtube.com/channel/UCa_-BRguBNbeEpd2vRHISLQ

れた不動産屋さんから情報が入るので、広く自分で探していない可能性がある。不動産のポータルサイトは、掲載するにもお金がかかるので超低価格物件などはあがっていないことが多い。そういうのは不動産屋独自のサイトにひっそりと更新されているものなのである。私も所有する物件は、更新がマメで低価格帯もきっちり扱っている不動産屋さんのサイトを毎日巡回していた。

しかし、不動産屋にとって超低価格物件は仲介手数料が入らないためたいしておいしい物件ではない。やはりここは別のルートで客を探す必要がある。毎日Xのポストなどをチェックしていると、ボロ戸建てやりたい勢はみなジモティーを活用していることがわかってきた。

売る前に、まず買い手を探せ。これが商売の鉄則である。

「やはりジモティーか」

そういえば以前ジモティーが上場するときに、別の家の片付けをしなければならずジモティーにお世話になり、応援もかねてIPO当選。私は晴れて光の株主になっていた。

（なんかあったら株主としてもの申せば通りがよくなるし、ここはジモティー作戦でいこう）

そうとわかればジモティーをリサーチである。いくつか検索すると、空き家を買いますという業者さんの投稿をいくつか見かけた。最近の投稿もあるのでまだ探している可能性も高い。

ものの試しに、空き家の譲り手を探しています。興味はありますかと返信してみた。

だいたいの雰囲気は掴んだので、反応を見るため、試しに自分も投稿してみることにした。売買そのものはこのサイトではせず、

IPO
Initial Public Offering の略語。「新規公開株」や「新規上場株式」のこと。

興味ある人の募集である。実際買い手がだいたい絞れれば、知り合いの司法書士に投げて書類を作ってもらえるし、以前『35歳、働き女子よ城を持て!』で私に不動産のノウハウをたたき込んでくれた師匠もいる。この師匠、私の担当さんの実家である地獄の再建築不可物件は見事に売却したのに、うちのボロ屋はやんわり断ってきた。担当さんのご実家はボロといえど神戸の一等地のお屋敷。うちは狭小の地獄物件。わかるけど……わかるけどね!!

しかし、不動産屋さんにとってしんどいのは買い手を見つけるまでであり、買い手さえ決まればあとは売買するだけなので、いざとなれば買い手さんとともに師匠の元に駆け込むつもりであった。

『実家、50万円で売ります』

『35歳、働き女子よ城を持て!』
2019年、KADOKAWA刊の著作。監修・ファイナンシャルプランナー風呂内亜矢。女性に向けて家を買うことを勧めた体当たりエッセイ。

そんなタイトルで投稿してみた。再建築不可物件なので、以前の値付けより10分の1を基準とした。また売買は交渉次第であること、地獄の再建築不可物件であること。日を決めて案内することなどを明記し、だめもとでポスト。

さあ、ボロ戸建て投資勢にはたして届くであろうか。

その日はとくに投稿を気にせず、仕事をして、父たちにだめもとで客付けをしてみるのでということだけ伝えて、最悪、空き家バンク登録となったときの手順や必要な登記簿などの書類について調べるなどしていた。

ジモティーをちょっと覗いたりしていたけれど、お気に入りの★がつき始めていたから、なんだかんだと閲覧数は伸びているのだと思っていた。

ジモティーから通知が届き始めたのは夜だった。

「詳しい場所を教えてもらえますか」

当然のことだと思ったので、ざっくりした町名を伝えた。最初の方は私もせいっぱいサービス精神を見せ、日を決めて案内いたしますのでーなどと都度返信していた。

返信するのも大変な感じで通知が届き始めたのが、夜九時ごろ。風呂からあがるとすでに四件のメッセージが届いていた。

「戸建て投資に興味があり……、当方大工です」

「法人用の家を探しており……」

「倉庫を兼ねたセカンドハウスを購入したいと思っています」

「ちょうど子どもができたので実家の近くで家を探していました！」

ボロ戸建てとはいえ、さまざまな理由で興味を持つひとがいるのだなと感じた。大工さんがボロ戸建てを探しているのはいかにもだが、たんに実家の近くに住みたい若い夫婦ができるだけランニングコストを下げたいのもわかる。また、倉庫として、50万円物件はどうとでもなる値段だ。会社を設立したいが住所を登記簿に載せたくない人、いま流行りのＥＣビジネスを始めたいから倉庫を探している人にとってもぴったりである。

倉庫として使ってもらえるなら、インフラを直さなくてもいいし、ちょうどいいなあ。実家の近くに住みたい若い夫婦も応援できる。まあこっちとしては気に入って購入してもらえればなんでもいいのだが。

思った以上の反応だったので、これは近々内見のための日を作ってさっさと売却の方向ですすめたいと、父と日程を相談し、連絡をくれた人にコピペで、内見は週末を予定しています、と返事をしてその日は寝た。

会社を設立したいが住所を登記簿に載せたくない
不特定多数の人が目にする会社の登記簿に代表取締役の住所が記載されることで、自宅を知られる可能性がある。

ＥＣビジネス
インターネットを通じたものやサービスの取引のこと。ＥＣはElectronic Commerce（電子商取引）の略。

次の日も、いつもどおり仕事をして、そういえばジモティーどうなってるかな～とアプリを起ち上げた。

えらいことになっていた。

いらないものを譲る程度では見たことのない数のお気に入りの★がついていた。

メッセージフォルダは、開いても開いても新着メッセージが届いた。当然中にはひやかしのようなものもあったし、一行のみの熱意が感じられないものも多かった。そういうものにはとりあえずコピペ文章で返した。本気で買う気のある人間しか相手にしたくないのは売り手も不動産屋も同じだ。

最初にメールでこちらから連絡したボロ戸建てＤＩＹ投資家か

実家
50万円で
売ります
戸建て投資に
興味があり…
セカンド
ハウスに…
子どもが
できたので…

らも連絡がきていた。しかし、いまとなってはもう遅い。ちょっと待って、返事待って。内見の日、決めなくちゃ。

やたら熱意いっぱい、買う気100パーセントを最初から見せつけてくる人たちも大勢いた。なかでも印象深かったのは、某有名国立大学の学生だ。

「いま大学で経営と建築を学んでおり、学生向け寮の会社をスタートアップしようと考えています。ご興味ありましたらぜひご支援、お譲りください」

なるほど、いまの大学生は家まで買うのか、と感心した。正直、彼らに活用してもらいたいと強く思った。

一方、別の力強さでアピールしてきたのは地元の建設会社さんだ。すぐに欲しい、と言ってきた。私自身は会話で押し切られることはない（くらい、ふてぶてしいうえに交渉慣れている）のでコレも何かの取材と思い話を聞いてみた。人間おばはんになると怖いものが少なくなるので、歳をとるのも一概に悪とはいえない。

「グーグルマップで場所を確認させてもらいましたけど、うちはそういう物件は慣れているんで。なんせ建設も工事も自分とこでやりますんで」

ということだった。

なるほど建設会社なら、許可の取り方もいろんな土地の活用の仕方もわかっているし、うちの家程度すべて経費でふきとぶスキームをもっているはずだ。この社長さんは相当熱心だった。

「再建築不可ってことは目の前の道路が私道とかですよね。そういう土地って素人さんが取得しても、周りの地主とのやりとりや、工事用のトラックや重機の出入りの許可とかわからないでしょ。その点うちはそこはプロだから」

「はぁあ、そうですよね」

詐欺かな、と思う程度に説得力のあふれた内容だった。きっとこの流れでいままで地獄物件を持て余したうちのような素人から土地を買ってきたのだろうなあとも思った。べつにそれが悪いわけではなく、それも商売のやり方というわけだ。

プロに売ってしまおうか、それとも前途ある若者の研究対象として譲るべきか、面白い買い手がどんどん現れたことで、地獄物件だというのに思いのほか選択肢ができてしまった。

そんなときだった。

ジモティーから驚きの通知を受け取ったのは。

「あなたの商品が購入されました」

えっつ、50万の物件、50万だよ？　ノー質問、ノー問い合わせ、もちろんノー内見で、しかも家をクレカで買ったやつがおる⁉

さすがの私も、呆然とした。

実家を売るってどうやるの？

監修：高橋正典

不動産売買は、一昔前ならチラシや現地販売会などを通じて、不動産会社と出会うことが主流でした。それがインターネットに置き換わりSUUMOなどの不動産ポータルサイトが情報を握る時代が続いてきました。しかし、昨今はそれも多様化し、情報がＳＮＳなどを通じて広く知られることも増えました。しかし、それでもいざ契約という行為になると、その金額の大きさゆえ、個人間だけで取引完結とはいかない場合が多いのが実態です。

さて、コロナ禍とタイミングが重なり注目度が低かったのですが、２０２０年４月には実に１２０年ぶりの民法大改正が施行されています。改正は多岐に渡りますが、とくに不動産売買に影響の大きいものを簡易的に書きますと、「瑕疵担保責任」が「契約不適合責任」に変わりました。新たな「契約不適合責任」とは、引き渡された目的物が種類、品質又は数量に関して契約の内容に適合しないものであるときに、売主に発生する責任です。不動産では特に「品質」がポイントになります。価格に見合った「品質」を期待して購入したものに対して、引渡し後に発見された新たな欠陥によって、その「品質」に見合っていないとされた場合、それが買主が不注意で見落としたものであったとしても、責任を追及される可能性があります。

また、その責任の追及方法も、かつての「瑕疵担保責任」では「損害賠償責任」と「契約解除」だけでしたが、それに加えて「追完請求」と「代金減額請求」なども加わりました。さらに、従来は買主がその瑕疵を知った日から1年以内に売主に対して責任の追及をしなければなりませんでしたが、今度は瑕疵を知ってから1年以内に「契約不適合」の事実を通知すれば足りることになるなど、圧倒的に買主保護の内容になりました。

こうした、背景を踏まえると取引金額の大小と比較して、専門家をきちんと使うことも必要だと言えます。

[一般的な実家を売るまでの 7STEP]

本書では実家を自ら売却しましたが、一般的には不動産会社を仲介して売却する場合が多いです。「いつ何があるのか？」「どうやって売ればいいのか」と悩む人に、実家売却の７つの手順を簡単にご紹介します。売却完了まではおおむね半年〜１年ほどを見込んでおきましょう。

1 売却の準備	《期間：約１〜３ヶ月》相続登記や実家の片付け、隣家との境界線を明確にした書類があるか？　また、購入時の売買契約書や設計図書があるかなどを確認
2 査定して不動産会社を決める	《期間：約１ヶ月》適正価格を知るために複数の不動産会社に査定を依頼
3 不動産会社と契約を結ぶ	「見積もりが高い」「近所だから」は NG。物件や立地にあわせて選ぶ。専任媒介契約、専属専任媒介契約、一般媒介契約がある
4 売却活動・内覧の対応をする	《期間：約３〜６ヶ月》実家の本格的な査定を進め、売り出し価格や売却時期などを決める。内覧に向けて掃除をし、物件の PR をしつつ買主候補と条件交渉をする。ただし、境界が確定していない場合は、ここで行う必要があり、期間がもっとかかる
5 買主と売買契約を結ぶ	不動産会社を通じて契約条件の折り合いがついたら、売買契約書をもとに締結を結ぶ。手付金の受け取りをもって売買契約が締結完了
6 物件の決済・引き渡し	《期間：約１〜３ヶ月》本人確認書類など必要書類を抜けなく揃え、司法書士や金融機関の立ち合いのもと所有権が買主に移る
7 確定申告を行う	《期間：翌年》「譲渡収入額 -（所得費＋譲渡費用）- 特別控除額（一定の場合）」の計算を行い、プラスになったら確定申告を行う。実家売却の後、利益が発生した翌年の 2/16-3/15 に行う

point

普通に売るとどれくらいお金がかかるの？

相続税を除いて、不動産を取得したときにかかるお金は下記のようなものがあります。譲渡所得税は不動産を売却し、利益が出たとき支払う税金です。相続発生から3年10ヶ月以内であれば「取得費加算の特例」、親が存命のときに使える「居住用財産を譲渡した場合の3000万円の特別控除の特例」などがあり、結果的に譲渡取得税が抑えられることがあります。

●仲介手数料 ………… 不動産会社に支払う

物件価格×3%＋6万円+消費税

●登録免許税 ………… 不動産の名義変更に必要

「固定資産評価証明書」に記載された
不動産の評価額×2%（※）

●印紙税 …………………… 売買契約書に貼る

物件価格により数千円～数万円

●測量をする場合は測量費用

土地の広さや形状、隣接状況による。30～100万以上が相場

●譲渡所得税 ………… 譲渡所得金額にかかる所得税・住民税の合計

短期譲渡所得（5年以下）約40%
長期譲渡所得（5年超）約20%

●消費税 …………………… 仲介手数料などにかかる

※ただし2026年3月31日までに登記された土地は0.15%、建物（別途要件あり）は0.3%に軽減される。また、司法書士に依頼する場合は報酬が必要

第六章

クルーザーもちの富豪、祖父の家に興味をもつ

最初は、冗談か間違いの購入だろうと思った。

もしかしたらジモティーのことをよくわかっていない老齢の人が、間違ってクリックしてしまったのかもとか。

なので即、キャンセルした。さすがに現物が存在するかどうかわからないものをクレカで買う人はいないだろう。しかも対象は不動産だ。パソコンかなにかのように、初期化しましたはいコレで取引終了、とはならない。

「あーびっくりした。世の中にはいろんな人がおるもんだなー」

父や母が間違ってジモティーで負動産を買わないようにしなければ、と強く思った。クリックは危険。最近はスワイプも危険。

お気に入りの数はどんどん増えていき、ついに200を突破した。みんな50万円ならワンチャン……と思っていることがわかった。己の値付けが絶妙であったことを知る。反応がなかったら、

ワンチャン
「One Chance」の略で「もしかしたらいけるかも」といった意味合いを含む。「50万円ならもしかして買えるかも」。

主に相続物件などを格安で売る「家いちば」に掲載しようと思っていたが、やはりマーケットは流動性が命。ジモティーで正解であった。

さて、学生に売ろうかプロの土建屋さんに売ろうか悩んでいたところ、メッセージが飛んできた。

「先ほどクレジットカードで購入したものです。キャンセルになってしまいましたが、お祖父さんのお宅を購入したく思っています。お電話ください」

しかし、ジモティーは電話番号など個人情報を直接やりとりすることは基本禁止だ。その人は何度も電話番号を書き込んではは じかれたのだろう。「直接お会いしたいので場所を教えてください」と送ってきた。傍目から見てもわりと必死な様子だった。

これはもう、直接話を聞いて、不動産はクレカで買えませんよ

家いちば

不動産業者を介さず、不動産の買い手と売り手が直接やり取りできる不動産ポータルサイト。特に空き家や古ビルに力を入れている。
https://ieichiba.com/

と説明すべきだろうか……と思い、こちらから連絡をした。

「あっ、ジモティーのひとですか。先ほど購入したものです」

チャットのような早さで返信がきた。

「あのう、大変申し訳ないんですけど」

私は持ち前の外交力を発揮して、さすがにクレカ購入はまずいと思ったのでキャンセルさせていただきました、と応じた。

「ああー、そうですか。いやいや、そうですよねぇ。まあでも、どないなっても50万だったらまあ騙されてもええか、と思ったんですよ。アプリとかちょっとよく使い方わからなくてねぇ」

50万なのに⁉ と驚いた。

よくよく話を聞いてみると、気のいいおじさん（Oさん）は、私の思った通り、なんだかよくわからないままぽちっと購入してしまった、ジモティー初心者だった。これは、購入意欲はともかく、実際に内見してボロ屋のボロっぷりを見たら、ちょっといいですわ〜となるパターンではないか、と思った私は、ほかの購入希望者と同じく、今週末にまとめて内見会をしますので、そちらのほうにいらっしゃってもらえませんかと案内した。

すると、Oさんはその日は天気も悪いし、明るいところで見てみたいので、金曜日は空いてませんか、と言ったのだ。

なんだか妙なやる気を感じた私に、Oさんはつらつらと自分のことを話し始めた。

昔サラリーマンをやっていたが、会社勤めが性に合わなくて独立したこと。ちょうどポートアイランドができたころで、新しい土地にはしがらみも地主もいなかったので、これ幸いと酒屋の権利を買ってバブル時代の商社に納める仕事をしていたこと。

「ふつう酒屋なんてのは、代々商売やっていた家がそのあたりを

ポートアイランド

神戸市中央区の神戸港内に作られた人工島で、神戸万国博覧会の会場にもなった。

仕切っているからなかなかやりたくてもやれませんのや。せやけど埋め立て地に地主はおらん。あの時代だとポーアイは三菱商事が仕切ってたから、ヘンな田舎のめんどくさい人間関係もなくてやりやすかったんですわ」

バブルがはじけて、いままでのように酒だけホテルに納めていれば商売できた時代は終わった。ポートアイランドの人口も減って、米も酒もみんなコンビニやスーパーで購入し、酒屋が配達する時代ではなくなったのだ。Oさんはポートアイランド以外の場所に店を移すことを考えた。そんなとき、結婚を機に縁があったのが春日野道だった。

神戸のことをご存じない人のために簡単に解説すると、春日野道は三宮という神戸の一大拠点から徒歩圏でありながら、昔は歓楽街だったこともあってあまり開発もすすんでいない下町だ。そ

ポーアイ
ポートアイランドの略称。地元民は親しみを込めてこう呼ぶ。

もそも三宮という地名から想像できるように、神戸には一宮も八宮もある。残念ながらすべてのお宮さんを線で結ぶと五芒星になり巨大な魔物が封じ込められていたり……はしないが、古式ゆかしい土地であることには変わりない。そもそも三宮は生田神社の参道がお茶屋街として永らく賑わい、そののち明治開国を経て、神戸開港で湾岸サイドに居留地ができていまの神戸ブランドに通じるイメージが形成された。都会というのはほぼ歓楽街であり、商売人の街なのだ。

その春日野道の商店街に店を借りて、Oさんはごひいきさんを中心に昔ながらの酒屋の商売を続けていた。

「うちは子どももいないしね。夏が暑いのがいやなんで、有馬のほうに家を建てましまして、その家は山やし、空気もいいし近くに温泉もあって畑もできるしまあまあいいんですが、もうちょっと海よりのセカンドハウスも欲しいなということでね」

なぜOさんが海側の、うちみたいな中途半端に町中で田舎の家を欲しがったのかは、その後、明らかになった。

Oさんの脱サラ酒屋日記があまりにもおもしろかったので、何度もやりとりをして（知らんおっちゃんと……）それほど言うなら金曜日に家を開けるから見てください、ということになった。

この時点で、なんとなく妙な流れを感じていた。というのも、このOさんはよくわからない身の上話をして話をまとめたのはいいが、結局のところほかの内見者がいるとわかれば、値段がつりあがると思ったのだろう。事実、申し込みが多ければ条件のいい相手に売りたいと考えており、どの相手も（学生さんは知らないが）50万なら現金勝負でくるはずだ。

商売人は、商売をまとめ上げるとき、ご縁だの人情だのを持ち出すことが多い。これはもう感覚の話でしかないのだが、素人相手なら、なお、ご縁と人情を感じたほうに売る人が多いのではないだろうか。今回私は、自分が作家であることは言わず「ボロボロの祖父の家をなんとか片付けてしまいたい、困っている一般人の孫」で通していたから、クソなめてくる相手もいるだろうと思ったし、相手がどういう態度で挑んでくるか楽しむ余裕もあった。ほら、作家という商売はなんでも面白がれる、ふてぶてしい人種なのである。

Oさんはなんとしてもうちの家が欲しいと思ったのだろう。なにせクレカで即決してくるほどだ。ほかにライバルがいることは私もそれとなく伝えていたから、わざと天気のせいにして、週末の内見日より早くに話をまとめてしまいたかったのだ。

べつにオークションをするつもりもなく、そんなに欲しいならもらってくれたらそれでいい私は、Oさんの密やかな野望を見て見ぬふりをした。絶対欲しい、ほとんど買いますと連呼されても、実際の家はボロもボロ。見た途端、テンションが下がってしまうことは十分に考えられたからだった。

Oさんがだめだったときは、謎のプロ土建屋さんに連絡しよう。こうなったら内覧会はめんどくさい。三番手は学生さんで、それでも話がまとまらなければ内覧会をしよう。そうしよう。

いよいよ、Oさんを案内する金曜日がやってきた。私、母、父が渋滞に巻き込まれやや遅刻気味で現場にたどり着くと、Oさんはもうすでに到着していた。

ひと目見て、あ、これはちゃんとした人だ、とわかった。Oさんは先に教えられていた情報通り、吉本の芸人さんみたいなっるっぱげの60歳男性でしたが、身につけていたものがことごとくさりげないブランド品！

一見全身グレーでキャップ帽をかぶってワンショルダーという目立たぬコーディネートでしたが、ノースフェイス、コーチ、バリーと、バブル時代に浪費を謳歌した世代らしいチョイス。なにより靴が高い。スニーカーがトッズやん。ばりばりにお金をかけてないけれど、見た目と身なりにはそこそこ気を遣っていますよ、という感じで、ほっとしたぶん、「なんでこの人がうちのボロ屋を?」となった。

だって、Oさんの話がそのまま本当だとすると、彼はお金に困っていないセミリタイア族で、いまはセカンドハウスを探しているのである。でもここは無駄に町中でうちには畑のできる庭もないし、なにか工作できる納屋もない。そもそも車の出し入れができ

スニーカーがトッズ
トッズ（TOD'S）は3～10万円は下らない高級スニーカー。1979年に設立されたイタリアの高級ブランドで、おしゃれな人御用達。

ない以上、この駅から20分ほどかかる場所までOさんは歩いてこなければならないのだ。

「なんだかよくわかんないけど、案内だけはするか」

いらんですわ〜と言われることを脳内でシュミレーションしつつ、私たちはOさんをボロ屋へ案内した。まずは前面の道は道のように見えるが道ではなく、隣の私道であることを確認する。もちろん、事前には伝えてあるのだが、念のため。

「そんなこともあるんやねえ。普通はどうなるかわかるようなもんやけどねえ」

隣に聞こえないように小さい声でOさんは言って、家の中に入った。

ゴミや残置物はすべて片付けられ、がらんとしてなにも見るべきものなどないように思われた。きしむ板の床、ややたわんでいる一階の天井、昭和のアルミサッシにありがちな磨りガラスの模様。細かく分けて仕切ってある立て付けの悪い引き戸。私たちはOさんがどのようなジャッジを下すのかドキドキしながら待っていた。あまりの沈黙に耐えかねたのか、母がどうでもいいことを話し出すので、後ろから引っ張ったり蹴ったりしていたが、どうして団塊の世代の母というものは、黙っていられない生き物なのだろう。空気を読んでくれ母、いまはビジネスの場である……。

玄関入ってすぐ、Oさんが向かったのは台所とリビングの間にある一本の柱だった。

「うわぁ、お母さんすごく厳しい方やったんですねぇ」

と、Oさんはひどく感心した様子で言った。このお母さんというのは私の祖母のこと。母をいじめた姑であったらしいが、私が物心ついたときからぼけていて、祖父と同時期に亡くなったので、祖母とまともな会話をしたことはほとんどない。よって記憶もあまりない。

「お父さん、三兄弟でしたっけ」

「そうです、そうです」

「三兄弟をここで育てて、こんなに柱が綺麗なはずはない。お母さん、めちゃめちゃ厳しかったでしょう」

Oさんはそう言って、その太い柱を何度も撫でた。

「そ、そうなんですよ、おふくろはもう厳しくて」

Oさんの言葉に、突然少年時代の記憶が揺り起こされたのか、普段あんまりしゃべらない父が自発的に話し出した。

「そういえば毎日、小学校から戻ったら、問答無用でぬか袋を渡されましてね。うちは米屋やったから。それで兄貴たちと家中の柱や梁を磨かないと遊びにいけませんでした」

「ほうほう」

「おふくろは、ずっとずっとぬか袋で柱や仏壇を磨いてましたわ。よく働く人でした」

おばあちゃんのそんな話を父から聞いたことはなかった。嫁である母も初耳だったそうで、そうなの？　と不思議そうにしている。

「うちのおやじは、戦後に和歌山から大八車に米を乗せて運んで焼け野原の神戸で売ってたんです。闇市米とかなんとか言ってましたね」

「それでここで商売を？」

「この辺は大きな工場があったから、焼け野原になりましたでしょう。それで、おふくろの実家（問題の隣家だ）から婚資として分筆してもらって、ここで米屋を始めたって聞いてます」

瀬戸内沿岸は戦前、三菱をはじめとして軍需工場がひしめいていて、うちの母方の祖父も川崎重工に勤め、満州へ行ったと聞いている。神戸や姫路あたりでは珍しくない話だった。

昔は嫁に出すといっても隣近所が普通だった時代、この家はおばあちゃんの持参金としておじいちゃんがもらった家だったようだ。そういえば、おじいちゃん方のもっと古い親戚のことは知らない。過去帳は残っているから和歌山のほうに探せばいるのだろう、と父は言った。

一人娘を嫁に出すということで、大工をしていた祖母方の親戚、つまり祖母の叔父がこの家を建てたのだという。商売をするなら柱はしっかりしなければならないと、はるばる木曽から神社にでも使うような大きくて太い木を運ばせたそうだ。いままで家具に埋もれていたからまったく気付かなかった。

「ふつうのこんな家で、しかも言うたら悪いけどこんなボロ屋でお見かけするような柱じゃないんですわ」

とOさんは言った。

「おばあさんもよっぽど大事にされてたんでしょう。戦後のお金もなんもないときに、土地付きで嫁に行って、これだけの家を建ててもらったんだ。おじいさんは婿養子みたいなもんだったんでしょうな」

「ああ、そうやと思います。おやじはおふくろには頭上がらんかったから」

とにかくやさしいおじいちゃんだったことは覚えている。孫は全部で八人。祖父が健在だったころは、みんななんだかんだとこの家に集っていた。

「この梁もね、りっぱなもんなんですわ。20年近く放置してたら普通シロアリにやられてるようなもんでしょ。でもこの家は湿気がない。南側が全部窓やからやし、床下がしっかりしてるんでしょう。なんでやろうね。築75年やのに」

「米屋やったから、下は土間なんですわ」

「ああ、それでか。大叔父さんがしっかり建てはったんでしょう。とにかくこの大黒柱。傷一つないから、この柱だけで、いまでも100万はしますよ」

とOさんは笑った。

「この家ばらして木だけ売ってもおつりはくるっちゅうことです。全然うちの損はないんです」

この家のだれも、祖母がぬか袋で念入りに磨き上げた大黒柱のことなんて見もしなかったし、祖母を思って大叔父が建てた家の基礎がどれだけしっかりしているかなんて気づけなかった。ただ

のどうしようもない地獄の再建築不可、ゴミで溢れたボロ屋だと思っていた。（いや実際ゴミで溢れてはいたが）

「ほら、こんなぼろぼろのアルミサッシでも、いまだに力いれんとカラカラっと開くでしょ。つまりこれはひずんでないってことなんですわ。ふつう土壁なんて70年もたったらゆがんで湿気てくずれてシロアリが入ってきよる。でもシロアリがこんほど湿気がなかった。昔の大工が建てた家ですわ」

Oさんはとても満足そうだった。すぐにワンショルダーから手付金を出してきた。この場合一割だから5万だ。

「この家を買わせてもらいます。うちの甥っ子が不動産やってるんで、書類を作らせますわ。司法書士も会社で使うとる事務所があるんで、安うにつくってもらおうと思てます。２万ほどで。それでどうでしょな」

「それじゃあお任せします」

私は即同意した。この場合不動産関連の書類もふくめて司法書士事務所に投げると安くても6万はする。私は別件で登記をしたことがあるのでやろうと思えばできるのだが、2万でOさんのお身内がやってくれるのならこちらとしては言うことはない。

「それじゃああとはLINEでね！」

フットワークの軽いOさんは軽やかに手を振って去っていった。

「売れた……」

あまりの高速のなりゆきに、我々は呆然とするばかりであった。

「こんなことってある？」

50万
即決

「出来すぎてる。騙されてるってことない⁉」

あまりにもあっさり手付けにまで行ってしまったため、小市民の我々はとたんに不安になった。

「あとから賠償金とられる詐欺ってことない⁉」

「いや、そこは免責にしてるから」

つまり、はんこをついた瞬間から、あの場所から死体がでてきてもうちにはなんの責任もないよ、という特約条項を盛り込んでおいたのだ。というか、免責の件はOさんから言い出した。こんな古い物件では当然のことだという。

「うちは、ポーアイからいまの商店街に移ってきたとき、古い商店街の一画ごと買うことになりましたんや」

「商店街の一角⁉」

まあ、考えてみれば商店街の建物は長屋造りになっているところも多く、当然壁を共有しているためふつうは地獄の再建築不可物件となるはずである。

「うちの店舗を大きくしたくて、隣だけ売ってもらえればよかったんやけど、地主のじいさんが、相続があるからあんたうちの持ち分全部買ってくれへんかっていうてね。それで一角買うことになったから、不動産業もやらしてもらってますねん」

成り行きでほかの店舗も買うことになったOさんは、自分の商売で使う以外の店舗や建物は貸しているそうだ。それは、普段から司法書士や不動産関係者と付き合いがあるはずである。

「まあ、そんな感じなんで、松本さんのいいときにちゃちゃっと書類交わしてしまいましょ。甥に作らせたら連絡しますわ」

思った以上に相手がセレブだったことに驚いた我々であったが、その後司法書士さんから書類ができあがってくる間に私とOさんとで交わしたＬＩＮＥがさらにものすごいことになるのである。

Oさん、本当にざっくりフレンドリーな人らしく、写真が唐突に送られてくる。

「海？　なんか海なんですけど？」

『いまねー、直島のあたりを通過しました。今日はいいクルージングができそうです』

直島⁉　クルージング⁉

夫婦で遊びにいっているのかなと思いきや、次の写真が謎のボート。

『僕のボートです。普段は赤穂に置いていています』

赤穂より神戸寄りのポートに置くと、そこから出て行くとき鳴門の渦潮等の潮流の関係でものすごいガソリンを食う

「僕の!?」

なんでも、赤穂より神戸寄りのポートに置くと、そこから出て行くとき鳴門の渦潮等の潮流の関係でものすごいガソリンを食うそうで、普段からクルージングを楽しんでいるOさんのような人々は、赤穂にヨットを置いている人が多いんだとか。

『芦屋とか西宮に置いてるのは、ガソリン代なんか気にしたこともない金持ちやろうね。僕らは庶民やから』

　とOさんは謙遜するのだが、いやいや、庶民はそもそもボートを持ってないと思う。

　謎のクルーザー持ちのOさんは、それからも船で釣った魚の写真や夕映えやヨット仲間とのバーベキューの様子などを気さくに送ってきた。なんかくやしいので私は伊豆温泉ハウスの生活を送り返したりしてOさんに太平洋のよさを布教したりしていた。グ

伊豆温泉ハウス

無類の温泉好きの著者が中古購入した、温泉の出るDIY別荘。別荘を購入した経緯は同人誌『98万円で温泉の出る築75年の家を買った』に詳しい。
https://takadonomadoka.booth.pm/items/5563242

レ（黒鯛の仲間で相模湾の珍味）の海鮮丼とか瀬戸内ではとれまい！　と思ったら鯛を一本釣りした超いい笑顔が返ってきたりして、いつも敗北している。

Oさんがうちのボロ屋を買った理由は、まさにこのボート趣味のためだった。有馬は気に入っているが、さすがに有馬から赤穂に行くのは遠い。というわけで、赤穂まで電車ですぐいけるJR沿線で海側、しかも春日野道にもアクセスがいいあたりにちょうど家を探していたのだった。

とはいえ、普通に買ったらどんなに古くても土地付きの家は500万はする。そこへうちの地獄の再建築不可物件が出ていたので、速攻クレカで落札した、というわけだ。商店街長屋のオーナーなら再建築不可物件の修繕方法など当然わかっているだろうし、そもそもOさんにとって50万なんてボートのガス代以下であろう。

なによりOさんが気に入ったのは、祖母が毎日ぬか袋で磨いていたというあの柱だった。商売人のOさんは当然、あの家が修復不可能であった場合も視野に入れていたはず。「あの柱だけでも売れば100万ですよ」というのは大きなオプションだったのだ。

バブル時代に脱サラし、三菱商事相手に商売をして、老後は外商取り引きだけして、ヨット中心に暮らすOさんの知識と経験の勝利である。


「書類が出来たので、三宮に来てください」

半月後、Oさんから連絡が入り、私たちは最後のおつとめとばかりに三宮駅に降り立った。その日インフルエンザで小学校が学級閉鎖の甥っ子を母がつれていた。

我々が通されたのは、なんだかバブリーでキラキラした、景気の良さそうな不動産屋だった。Oさんが現れたとたん、不動産屋のスタッフが全員「社長！」、「社長！」と駆け寄ってくる。

そうか、Oさん社長だったんだ、まあそうだろうな、と思いつつ。そこそこの収入がないと50万円をガチャ扱いできないだろうし、クルーザーを維持できない。本人は酒屋だと言っていたが、もしかしたらすでにテナント業のほうが手広いのかもしれない。

我々がボーゼンとしている間にも、不動産屋のスタッフがつぎつぎOさんのもとへ名刺をもって挨拶にやってくる。これは、ちょっとやそっと頼まれてもやらざるを得ないほどOさんはお得意様なのだということがわかった。

父と叔父が書類にサインして、これでもうあの地獄物件はOさんのものになった。実に10分かからない程度だった。おそらくこ

ガチャ扱い

「ガチャ」はソーシャルゲームなどでランダムにアイテムを得られることから、要するに引き運次第のたとえ。

んなふうに一般人が相続に困った物件を安値で引き取ってどうこう、というのは彼らにとっては日常なのだろう。私は再建築不可物件を地獄だ地獄だと騒いでいたが、よくよく考えれば、商店街のメインストリートだって、昭和に流行ったニコイチなどのテラスハウスだって再建築不可物件になりえる。

そして、今回の騒動で気付いてしまったのだが、再建築不可物件はなんと……、固定資産税が死ぬほど安いというメリットもあるのだ。投資用物件として、そしてどうなってもいいセカンドハウスとしてこれほど維持が楽な物件があるだろうか。

「再建築不可物件、おもしろいな……」

四号特例が縮小される問題はあるが、ようは工務店が身内であれば恐るるに足らず。建築士が身内にいればもっといい。これから四号特例の縮小や空き家税などが騒がれるようになるだろうか

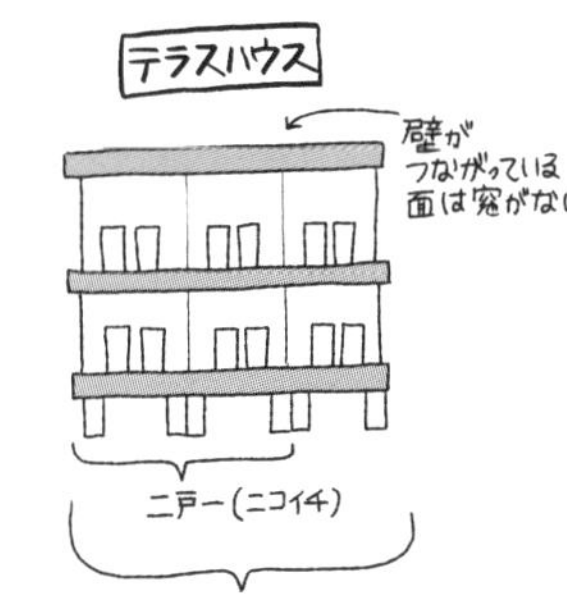

ニコイチなどのテラスハウス

テラスハウスとは一戸建てがつながるように並ぶ集合住宅のこと。それぞれの壁が接続した連棟住宅（連棟式住宅）。各住戸がテラスと専用庭を持っていることから「テラスハウス」と呼ばれた。つながる戸数に応じて「二戸一（ニコイチ）」、「三戸一（サンコイチ）」と呼ぶ。

ら、私のように手放したい人間がどんどん安値で売りに出すはず。

祖父の家を手放したことに一ミリも後悔はないが、場所によっては再建築不可物件はお買い得なのでは……？

「わたしもやれるのでは？？」

新たな気づきを得てしまった私は、さっそく物件のリサーチにかかったのである。

今からできる！家の維持管理

欧米では、歴史ある建物が人気であったり、築年数が経過した住宅の方が価値ある場合が多々あります。住宅が滅失（建て壊される）される年数を比較すると、アメリカは約66年、イギリスは約80年なのに対し、日本は約32年と半分以下です。日本は、戦後の住宅不足から新築を次々と建ててきたことで、作っては壊す文化になっていました。しかし、人口減少や空き家問題によって、国の住宅政策も欧米並みに住宅を大切に長く住まう社会を目指しています。そのために重要なことが、住宅の「維持管理」です。中古車に車検制度があるように、住宅も定期的なメンテナンスを行うことで、その寿命を長くすることが可能です。昨今、中古住宅が注目されていますが、きちんと「維持管理」された住宅と、何もしてこなかった住宅では、売りに出した時の価格差や売れ行きの差も出てきています。特に、空き家を購入される方にとって、その家が「使える」状態なのか、「使えない」状態なのかでは、売れる可能性が全く違ってきます。なぜなら、「使えない」住宅は当然ながら建て壊すしかありません。壊して新築するとなれば建築費用が何千万円もかかります。とても好立地な空き家や実家ならともかく、場所もそれほど便利でなければ、費用をそこまでかけて住もうという人は残念ながらいないでしょう。空き家などを購入して住もうとする方の理想のリフォーム費用は５００万円前後と言われています。そういう意味においても、住んでいる時も「維持管理」は当然のこと、空き家となってからも定期的な空気の入れ替えなどの手入れを行うことはとても重要だと言えます。

[屋内・屋外・リフォームでできること]

住み継ぐ場合も売却する場合も、適切なリフォームや維持管理は資産価値を保つことにつながります。木造住宅でも、維持管理やメンテナンスをしていれば50年は住み続けられるはず。なるべく住まいを長保ちさせる下記のポイントを押さえておきましょう。

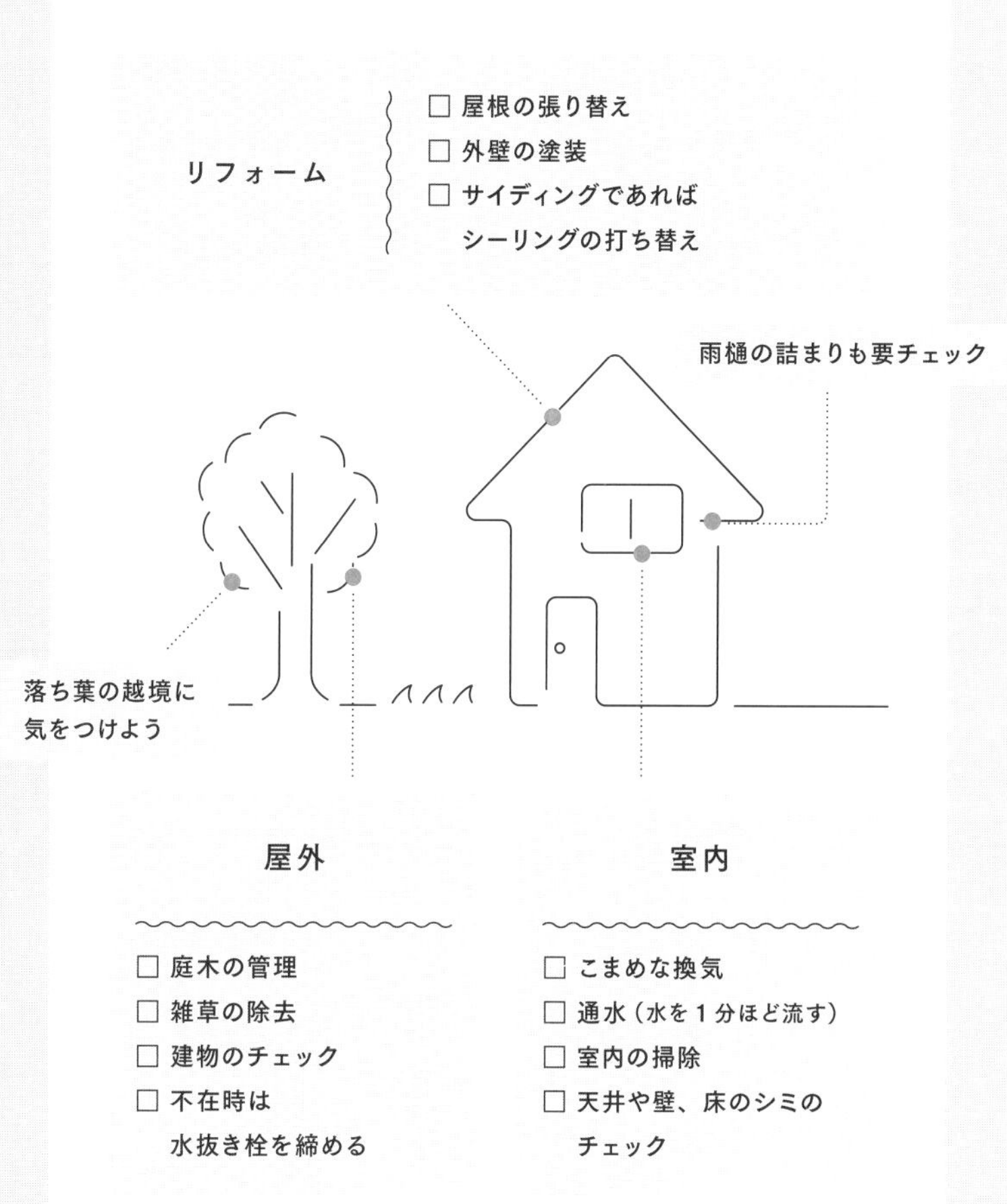

point

空き巣対策や遠方の管理対策も重要

実家を維持する場合、空き家になったり遠方だったりすると、メンテナンスが難しくなります。最低でも、年に数回は現地に足を運ぶことを前提に、いろいろな工夫で維持管理をしましょう。空き家を維持管理する上では空き巣対策も必須です。

実家が遠方の場合

実家が遠方にある場合、検討したいのは空き家管理サービスの活用。契約した家を月１度など定期的にチェックしたり、掃除やゴミ捨てなどを行ってくれます。地方の不動産会社でも同様のサービスを行っている場合があるためチェックしておきましょう。

空き巣対策

- 玄関に複数の錠前を付ける
- ポストはDM等の投げ込みストップ、転送サービスを活用
- 窓は鍵付きタイプにする
- 庭に防犯カメラを設置する
- ご近所の方との連絡関係の構築

第七章

エピローグ

後日OさんからLINEが来た。

「無事、登記も済みました！」

送られてきた写真には、最新条項にOさんの名前が記載されていた。正真正銘、あの家は祖父の家ではなく、Oさんのものになったのだ。

ほっと胸をなで下ろした。これで、叔父は来年の固定資産税を払わなくてもよくなった。これで父が死んでも母は、姑にいじめられた家をいやいや相続しなくてもいい。

問題といえば、50万の売値のうち、諸経費をもろもろ引いてだいたい30万くらい。この30万を巡って懲りないおじいさんたち（叔父と父）が、固定資産税32年分をはらえだのなんだの言いだして心底うんざりしたのだが、私はその前に、

「おじいちゃんのお墓に報告にいくのが先でしょ」

登記も済みました
本書では不動産登記のこと。不動産に関する情報を記録して、公に示すためのもの。この場合、中古住宅を購入したOさんが所有権移転登記を行っている。司法書士に依頼するのが一般的。

と二人を叱りつけた。

そもそも、あの家は正真正銘、私が客付けして手売りしたのだが、こうなってみると、ほぼ話したこともなかった祖母があの家を心配していたんじゃないだろうか、とも思えるのである。

私は霊感などないし、宗教にも入ってないいまどきのニュートラルな日本人だ。それでも、母方の祖母に育てられたからか、いわゆる日本の地方独特のスピリチュアルな（この言い方あんまり好きじゃないが）土着信仰については理解がある。自分が商売をやっているというのもあるし、家がわりとマメに神さん詣りをして、檀家をやっているというせいもあるだろう。

「元米屋が酒屋に買われるなんて、できすぎだと思うんよなあ」

もし、あの家に神様みたいな存在がいるとして、いや、いないから仏壇もあっさり破壊したけどなんのバチも当たらなかったわ

固定資産税を払わなくてもよくなった

固定資産税は1月1日時点で土地や建物を所有していた者に課される税金なので、不動産を売却した場合、売却の翌年からは支払わなくてよい。ただし、年度途中で不動産を売却しても、納税義務者は変わらない点に注意。年度途中の場合は、売主と買主の話し合いによって負担割合を決めることが一般的。

けだけど、祖母の遺志みたいなのは残っていたのかもしれない。

きっと祖母は、商売が繁盛するようにと大叔父に念入りに作って貰った恩のある家の行方が心配だったんじゃないだろうか。だから、Oさんを呼び寄せ、ああ酒屋さんだったらいいわ、と安心したんじゃないだろうか。

だれよりもあの柱を見せたかったのは祖母で、私はそのためにせっせせっせと働かされ、ゴミ屋敷をなんとかした。いや、あの家をゴミにしたのは祖母のかわいい息子たちなんだから、忙しい私じゃなくて年金暮らしの父と叔父、もしくはお化けになった叔父を使ってよ、と思ったけれど、きっと父も叔父も薄情でなんの電波も受信しなかったんだろうね。かわいそうなおばあちゃん。

でも、祖母が厳しく三兄弟をしつけたおかげで、そして大事に大事に柱を磨いていたおかげで、縁のある商売の人に貰われていったのは、ほんとうによかったと思うのだ。

Oさんは、まずは家の状態を知り合いの大工さんに見て貰って、図面からきっちり作り直すのだという。さすが四号特例縮小のこともご存じなのだろう。ただあの立派な大黒柱と梁は残して、これからも大事にしていくつもりだ、と言っていた。

縁起がいい家というものはある。商売をしていると、ご縁を感じることは本当にある。ご縁という言葉が便利な商売のツールである以上に、事実、不思議なつながりで続いていくことだってあるのだ。

「取り壊すときとか、内装を決めるときになったら、ぜひ見においでよ」

とOさんは言う。私は、こうなったらおもしろいので家族で見に行こうと思っている。Oさんがヨットのクルージングに誘ってくれたので、家族でそちらにもお邪魔する予定だ。

今日もＯさんから瀬戸内クルージングマウント写真がきた。金色に輝く瀬戸内の夕暮れ。私は伊豆の温泉ビュー写真で対抗してデュエルする。そして負ける。

柱だけになったあの家を見に行く日を、地獄の片付けを手伝った息子もとても楽しみにしている。これがほんとの大黒柱だよ、なんて小さい甥っ子に見せる日が来ますように。

スペシャル対談

作家　高殿円

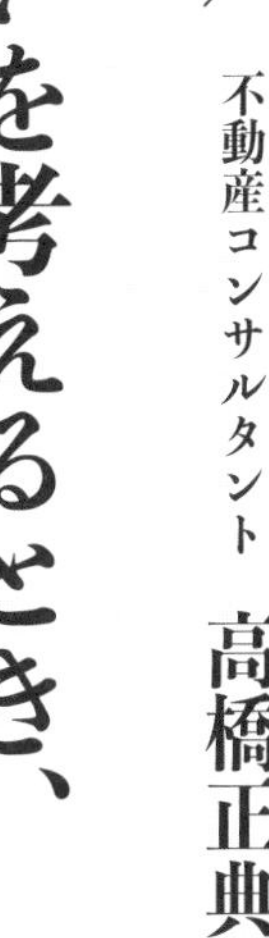

不動産コンサルタント　高橋正典

実家じまいを考えるとき、いちばん大切なこと

実家じまいはスピード感が命！
家を相続したら、3年以内に売却を

高殿　今日はよろしくお願いいたします。高橋先生は不動産のプロということで、今回は実家の売却だけでなく、実家じまいのこと全般についてうかがいたいと思います。

高橋　僕は前職で不動産会社の役員をずっとやっていたんですけど、今の会社（価値住宅株式会社）を立ち上げたのが16年前で、ずっとキャリア的にはほぼ不動産関連の仕事をしてきました。

高殿　お話を聞けるのが楽しみです。しかし、**やっぱり皆さん、実家を売る時にやすやすと買い手が出てくるわけじゃないでしょう。**私の場合、よいタイミングで買い手がついたけれど、普通は実家じまいを考えたタイミングで、こういうことをしておいた方がいい、というセオリーがあるはずです。高橋先生には、そこをもう少し詳しく教えていただければと思います。特に、今は実家じまいについて考える世代の人が多い。

典型的な団塊の世代は、一戸建て、それも**郊外のちょっと利便性の悪いところに実家があるという人も多いと思います。**そんな状況で「この家、どうしようもないけどどうしよう」と、困っている方も多いのではないでしょうか。

高橋　多いですね。特に、**実家じまいではスピード感が求められます。**維持するにも、手間はもちろん、維持費用や固定資産税がかかるし、売ると決めれば、例えば空き家になった実家であれば、いくつか条件はありますが、相続した日から3年を経過する年の12月31日までに売却すれば、売却で得た『譲渡所得』から3000万円までは控除される制度もできています。**キーワードは3年です。**

高殿　結局、住んでいる親族だけが亡くなったとき、相続税やら何やらで、いろんな人が関わるじゃないですか。加えて、私には息子がいるので、もし近い将来、親族が亡くなったときにバタバタしている暇がない。だから、そうなる前にとにかく早く売りたいと思っていました。それで、現金で即決できそうな50万円で売りに出したんです。

高橋　ご親族やご兄弟のあいだの話し合いで、結構、すんなりと売却することは決まったんですか？

高殿　決めるまでが大変だったから、その話を高橋先生にもお話したくて。結論から言うと、**親族の同意を得るのがやっぱり一番大変だし、親に何かある前に話をしておいたほうがいいなと感じました。**

高橋　そうなんですよ。不動産のトラブルは、人間関係が9割とも言えます。

高殿　うちの場合は兄弟間で相続したので、とにかく大変でした。しかも**親族間のパワーバランスがあるのが一番大変**だったんです。

高橋　おっしゃる通り、実家にはステークホルダーが複数人居ることが多いですよね。38ページにも書いたのですが、親族や兄弟だけでなく、配偶者などの意見をあらかじめ聞いておき、意見をすり合わせておくのも重要です。

高殿　我が家でも、長男である叔父は「家を大事にしなさい」という教育を受けていました。実家なので、思い入れもあります。でも、三男の実父には、そこまでの家への思い入れはない。その温度差を想像して、そこに理解を示さないと家を売る気にはなってくれませんでした。

高橋 理解を示さないと売ってくれないというのは、真理ですね。

高殿 親や親族を説得するにあたって、一番大事なのは〝親の価値観を理解する〟ことだと思っています。親の時代はどうであったのか、私たちが理解しないと、説得は平行線で終わってしまいます。私は今回、祖父の家を片付けたことによって、親が意見を聞いてくれるようになった。今まではなんだかんだ言いながらも、ずっと親からすれば「娘に頼ってはいけない」というイメージがあったと思うのですが、今回、私は実家を片付けたことで〝頼れる存在〟になったのだと思います。

高橋 頼りにしてもらうことで、対等に話ができるようになったのですね。

高殿 そうです。そうするために、大事なのは一番はじめに頼ってもらえる土壌を作って、話を聞いてもらう姿勢をつくる。**関係性をはじめに築いておくことが大事**だなと思いました。親の時代を理解するというのはそのためで、それを多分、不動産屋さんは皆さん自然にやっているのだと思います。

高橋　特に、僕は不動産コンサルタントもやっていますが、不動産業者は、残念ながら「いかに短期間で手短く、手軽に契約まで持っていくか」という視点の人がまだ多く、本来ならばお客様の信頼を得る意味でも、単なる売り買いをお世話するだけではなく、不動産業者が不動産コンサルタントという立場も兼ねるのは、すごく理に適っていると思っています（191ページ参照）。あとはもちろん、金融資産の相続関連の問題もあるので、本当はゲートキーパーになって、他の専門家も紹介できるような立ち位置になれたらいいなと思っています。

親本人にやってもらうのではなく、まずは自分だけでできる事から手を付ける

高殿　相続の話が出ましたが、金融資産関連のことは、どこに相談すればいいんで

すか？

高橋　ＦＰ（ファイナンシャルプランナー）という資格があります。金融とか相続となると、すぐに銀行に行く人がいますが、不動産が絡む場合、銀行だと運用という視点に偏ります。不動産の場合はそこに思い入れや家族問題も絡みますので、ＦＰ相談のできる不動産業者がベストです。その上で銀行や弁護士などの専門家を活用した方がいいですね。

高殿　でもたぶん、建築基準法が昭和25年にできているから（52ページ参照）、私の実家のような再建築不可物件がすごく増えていて、不動産屋さんを頼れない人も多いと思います。そういう場合はどうしたらいいと思いますか？　やっぱり親が元気なうちに、あらかじめ再建築不可物件でないか、調べておいたほうがいいんですかね。

高橋　大事なのは、事前に「自分の家が売れる家なのか？」を確かめておくことです。権利関係は、法務局に行けば意外と簡単にわかります。家のある区役所か市役所の建築課に行って調査もできますので。また、売却価格の目安を知りたい場合は

SUUMOなど不動産ポータルサイトを見ると大体のイメージはできると思います。

高殿 やはり親が元気なうちに、実家が売れるかどうかを調べて、親族との関係性を築いておくのが大事なのですね。ちなみに、自分の経験から、**家の話を切り出すタイミングは、70歳を超えたころがベスト**だと思いました。60代は、まだ皆「自分は若い」と思っているんですよね。健康的な不安が出て来たり、お金の問題に目を向けたりするのが、ちょうど70〜75歳ごろなので、話を聞いてもらいやすいと感じました。前提として、**親にとっては生まれ育った家を売るというのは、心理的ハードルが物凄く高い。**いわゆる"負動産"だとわかっていても、です。

高橋 売るに売れない"負動産"なのかどうかはやはり事前に知っておきたいですね。ただ、それを親本人にやってもらうのではなく、親が元気なうちに調べられることなど自分でできることはやっておくことをおすすめします。（2ページ参照）。実家をどうするかという話を親とするのは、タイミングなど難しい部分がありますが、調査だけならば親の意向も関係なく進められるので。あとは、実家を住み継ぐという選択肢が出た場合、一緒に住む配偶者がいる場合も多いので、夫婦間の問題になってきます。そういうときは、**親本人ではなく配偶者や兄弟とは、事前に話し合っておくほうがよいでしょう。**自分の体力があるうちに話し合いを終わらせるか、最終的に後回しにするかという、ただそれだけの問題なので。

高殿　親が健在でも「アパートや施設に移るから親の家を売る」という流れも多いと思うので、早めに話し合ったり、事前調査ができるなら、そのほうがよいですよね。そもそも、親が死んだ段階で、その家を処分しないと、等分の財産分与にはならないですから。

高橋　本当は現金で分割にできたら一番いいんですけど……（36ページ参照）。

高殿　なかなかそうはいかないなあと感じました。相続は結局、すべて兄弟間や配偶者とのパワーバランスの問題なのでは、と私は思っています。

高橋　そうですね。僕も、家族全員が「わからないけれど、あの人が何とかするんじゃないか？」みたいに話を濁しているというケースをたくさん見てきました。ほぼ全員と言ってもいいかもしれない。とにかく、足がかりを作って、早めに話し合うことです。

高殿　その人たちが、本当だったら35歳くらいまでに一回、自分たちのライフスタイルが安定してきた時点で、親の家をどうするかという家族会議をしたほうがいいですよね。

高橋　本当はね、そこでちゃんと覚書みたいなのを書くべきなんですよ。

高殿　それはいい考えですね。

高橋　その場で決めたことは、10年更新制にしておくとうまくいきやすいです。つまり、そこで決まったことを10年後にちゃんと撤回できる、という仕組みにしておくとよいでしょう。覚書には、例えば介護が必要になった場合のリフォーム費用は誰が負担するのか？　それとも按分するのか？　ですとか、あとよくあるトラブルが、相続した際に家族それぞれが依頼したい不動産業者が違うことで、方向性が決まらず時間だけが過ぎることがあります。いざ相続が発生すると少なからず欲が出ることから、自分に都合のよい意見をもらえる専門家を用意しがちですので、**相続時に任せる不動産会社や人を指定しておくのもいい方法**です。家の話をした方がよいことを分かっている人も親族に一定数いるんでしょうけど、だいたい皆さん、気の重い話なので顕在化させたくないという方が多いように見えますね。

高殿　なるほど。うちもそうでしたね。面倒なことが起こりそうな自覚があるので、いざ、そういう話をしようと思っても、なかなかその話にならない。それで、結局は親が亡くなった後に実家が売れない、ということになる。多分、親が元気なうちに話し合っておける人が、本当にベストなんでしょうね。結局はいずれ来ることなので、**逃げずに当事者になる覚悟を持たないと**いけません。ダイエットと同じで、はじめに筋肉をつけて、痛い思いをして筋肉痛に耐えないと痩せないんですよ。親との関係性や話し合いを構築して、動き出しておくということが大事ですね。そこで、一番はじめに筋肉をつけた人は、筋肉によって脂肪が燃焼していくんですけど、面倒くさがって放置をしていると、代謝が下がって後々大変なことになるわけです。

だから、痛い思いは若いうちにしたほうがいい。

高橋　まさにそうだと思います。親が亡くなってからでは遅いのです。

高殿　そう。特に実家じまいで悩む30代にとっては、多くの人にとって、仕事でも家庭でも手を抜けない大切な時期だと思います。早めに問題に手を付けておくことによって、実家の問題以外や、自分の課題に全力で取り組めるようになるメリットもあります。仕事や配偶者や子どものことで手一杯な時期に、「でも、実家の問題はある程度見えていて、あと10年は大丈夫だ」という安心感があるのとないのとでは、ずいぶん違いますよね。親との信頼関係があって、覚書のように明確な指針があれば、少なくとも向こう10年間は、家庭や仕事のことに集中できます。これが、いつ問題が顕在化するかわからないと、常にそのストレスを感じながら暮らすことになります。体感として、家の問題が解決するだけで、まったくパフォーマンスが違いました。それってすごく大事なことだと思います。結局、私は私の人生を生きないといけない。そのときに、家の問題を常に気にしながら仕事や家庭や健康に気を配れるか、という話なんですよ。

高橋　そうですね。実家の問題が片付いた方は、皆さん、晴れ晴れとしていらっしゃいます。

高殿　あと、さっきの筋肉の話と一緒で、この問題を解決すると、あらゆる問題に対する耐性がつくというメリットがあると気づきました。親と兄弟のトラブルは、仕事の面では上司と部下のトラブルに似ています。家族の問題を対処すると、それは人生のすべてに応用が効くんです。たとえば転職をするとき、「最近どうですか」って面接官に聞かれて、「親の家を売ってきました」って言ったら、絶対に面接官がガタッと立ち上がって食いつきます（笑）。課題解決能力があると思われる。

高橋　課題解決は、家の問題に必須ですからね。あと、早めに親と一緒に取り組んだほうがよいこととしては、家の片付けも挙げられます。

高殿　親は「ものを大事にしよう」と言われて育った世代なので、捨てることが勿体ないと感じていることが多い。そこで、うちでは実際に、私がジモティーやメルカリを使って、要らないものは売れるんだよ、ということを親に見せて気づいても らいました。ものが捨てられるだけでなく、お金になると思うと抵抗が少なくなる人は多いと思います。本人も満足そうでした。

高橋 売ったお金で焼き肉でも食べれば、仲も深まりそうですね。ちょっとずつ親と一緒に資産の整理と把握をしていくのは大切です。

実家をどうするか決めるには、事前リサーチが超重要

高殿 あとは、意外と時間が経つにつれて、土地環境って変わるんですよね。突然コストコができて利便性が上がったり、突然モールができたりとかするわけですよ。

高橋 そうです。だから一層、事前のリサーチが重要なんです。今回の高殿先生の実家のように、固定資産税が安い場合、持っておくのもひとつの選択肢になるかもしれません。当事者は、つい自分の空き家が高く売れるということをゴールにしが

ちだと思いますが、**高く売れることだけがゴールではなく、使いたい人がいて、きちんとニーズがあるかもしれない。**高殿先生も、家を出品してニーズを確かめていたと思いますが（116ページ参照）、ちょっとした田舎の一戸建てでも、倉庫代わりに使う人が居るかもしれない。

高殿　**「こういうマーケットに出したらお客さんがいるかも」ということは、どこかで試しに出品したり、事前にリサーチしたりして知っておきたいですよね。**そういう意味でも事前調査は大事です。だから、できれば親が元気なうちに調査したり、売りに出したりしたほうがいいんですよね。それは今回、実際にやってみて実感しました。

高橋　リサーチという点では、実家がマンションの方の場合は、売却や維持についてはあまり困らないでしょうから、ある程度、リサーチ面ではラクができると思います。老朽化や相続の問題も、管理組合が早めに気付いて対処してくれる場合も多い。マンションは駅から近かったり、築年数が浅かったり、流動性がある要素があるほど売れやすいです。

高殿　反対に、中古で購入したマンションだったり、エレベーターがない古い物件の場合はどうするんですか？

高橋　そういうときも、僕も高殿先生を見て学びましたが、「お客さんのいるところを狙って売ろうとする」のが大切かもしれません。つまり、家として貸すのではなく、倉庫やセカンドハウスとして貸す方法があると思います。本書でも登場しましたが（119ページ参照）、EC通販などを運営している人たちには、倉庫代わりにする需要があります。他にも、立地が悪い場合はリモートワークができる若者をターゲット層にするなど、発想の転換をすることが大事です。不動産会社だけでなく、売り方や利用方法も想像したほうがいい。ただし、**マンションや団地の場合は、管理規約など各契約条件を確認してください。**

高殿　そう考えると、写真撮影や動画配信業者のスタジオ代わりにも活用できそう。やっぱり、気が重いかもしれませんが、**なるべく早く自分でできる範囲でできるこ**

とをはじめるのが得策ですね。リサーチをして、実家の資産価値について調べる。私が実際にやってみて思ったのですが、実家じまいは、気持ちの問題、結局、人間のメンタルの問題が大きいんです。本当は、すべて『面倒』とか『損をしたくない』とか、そういう気持ちをなくすだけでうまくいく気がしています。親の説得や実家のリサーチ、売る体験はすべて経験として残って、その経験はすべてのものに応用できるのだ、とポジティブに捉えてほしいですね。

高橋　そうですね。僕が高殿先生の立場だったとしても、早めに調査をして売ったと思います。特に、高殿先生は売れない物件を持っていること自体がストレスになっていたから、とにかく早く市場に出したというのが勝因だったと思います。

高殿　意外なニーズがある人も見ているから、とにかく市場に出した方がいいんですよ。リフォームとかせずに、とりあえずボロ家のままでもいいから。

高橋　今は、ゼロ円物件や再建築不可物件を専門にしている不動産業者もありますよね。事故物件専門とか。それは、そういう物件を見るお客さんがいるということですから、そういうところに出して反応を見るほうがいいってことですね。

高殿　特殊な物件は、専門業者も探してみて市場に出すのもいいかもしれません。あとは、やっぱり自治体がやっている空き家バンクに登録するのも王道です。今回、私も途中で空き家バンクに登録しようとしていた（108ページ参照）んですよ。結局、その前に買い手がついたんですけど。ただし、**補助金を申請したり、インフラを復旧したりという手間がかかるので注意してください。**

高橋　持ち出しが必要なお金が発生してくるので、**お金や手間のバランスを比較して市場を選ぶ**ということが大切ですよね。場合によっては、空き家バンクに登録をしている宅建業者を紹介してもらって、良さそうなところに相談するというのも方法かもしれない。空き家は価格が安いので不動産業者がやる気にならないという問題もありましたが、2018年の法改正で400万円以下の物件でも18万円までもらえる（従来は上限14万円）ように引き上げられましたが、これが2024年7月から、さらに800万円以下の物件で30万円まで引き上げられましたので、不動産業者も積極的になってくると思います。

高殿　それはいい情報ですね。

家の問題は、メンタルと人間関係が9割

高橋　あとは、不動産の問題は、解決しようと思ったらまず人間関係を解決しなければいけない。そういう意味では、やはり周囲との関係性を深めておくのが大事。親だからそこが軽視されてしまいがちですが、**相手が親だろうが兄弟だろうが信頼関係をもう一度、再構築するというところからやらないといけない**。大人になると、さらに配偶者が絡んでくる。いろんな関係性があるので一概にこうしなさいとは言えないけど、ざっくりとしたトータルアンサーとしては、実家じまいは人間関係が重要ということですね。

高殿　人間関係も、メンタルの問題になる。**一番いいのは、関係図を書いて周囲の**

人間関係を図にして把握することです。人間って、基本的に頭にあることを理解していると思っても、言語化したり、ちゃんとアウトプットしたりしないと、理解できないということが多いんです。私も整理するために実践しましたが、**実家にまつわるすべての人間関係を紙で書き出してみると、スッキリします。**ここには資産がある、この関係性はデリケート、この権利は誰が持っている……そうやって図に書き出すことで、すごく課題がわかりやすくなります。プロのコンサルタントだって、気づきをポストイットに書き出したりしますもんね。**モヤモヤと思ってることを言語化すること、アウトプットすることっていうのが、問題解決の一番大事な近道だと思います。**関係図の中に、ポストイットに書いた問題を並べて、その中で優先順位を決める。その問題から、できること、できないことを切り分けて考える。できることを解決していきながら、できないことをどう解決するかを考える。結局は、**たくさん問題があっても、結局、重要なのは3つくらいだということに気づけます。**この3つを片づけるだけで、なんと課題が半分くらい終わっていることが多いです。

そうすると人間は馬力が出るので、なんとなく課題が片付くようになるんです。

高橋　とても実践的なアドバイスをありがとうございます。できたら、早めにご両親と一緒に、この本を読んでほしいですね。本書が、ご家族で「こういう本があってさ……」と話すきっかけになってくれたらうれしいなと思います。

あとがき

家じまいの本はたくさんあるけれど、時系列に沿ってどんなトラブルが起こるのか、次に何をすれば効率的かつコストをかけずすむのか、ノンフィクションで晒している本ってあんまりないなと思っていました。

家族のメンタルマネジメントと不動産の手続きは違うロジックの大変さであるにも関わらず、なんとなくどちらかに偏っている気がしたのです。

私たちは団塊ジュニア。都市集中型社会のいま、この日本で本当に多くの人がこの家じまいの問題に直面します。

みんな子育てや自分のキャリアの転換期、健康面での不安を抱えている時期にも関わらずです。

普段は小説を書いている私ですが、小説でもノンフィクションでも書くスタンスは一貫して、読んだあなたが元気になりますように、です。

ただでさえ生きるのが大変ないま、私が経験したことをざっくばらんに伝えることで、だれかが少し生きやすくなればいいな。

不動産はたった一人に売れればハッピーエンド。必ず適したマーケットに出せば買い手はいます！

私のような地獄の田舎再建築不可物件でも売れる!!

この本を読んだあなたがいいイメージで問題に取り掛かれますように。

そしてあなたの実家が、必要としてくれる良い人に引き継がれますように。

高殿円

高殿 円（たかどの・まどか）

兵庫県生まれ。2000年『マグダミリア三つの星』で第4回角川学園小説大賞奨励賞を受賞しデビュー。13年に『カミングアウト』で第1回エキナカ書店大賞を受賞。主な著作に『トッカン』シリーズ、『上流階級 富久丸百貨店外商部』シリーズ、『カーリー』シリーズ、『シャーリー・ホームズ』シリーズ、『メサイア 警備局特別公安五係』『剣と紅 戦国の女領主・井伊直虎』『主君 井伊の赤鬼・直政伝』『政略結婚』『コスメの王様』『戒名探偵 卒塔婆くん』など。漫画原作も多数手がけている。

高橋 正典（たかはし・まさのり）

不動産コンサルタント。デベロッパー及び住宅販売会社の役員を経て、2008年「住宅価値創造企業」価値住宅株式会社を設立し代表取締役就任。一つひとつの中古住宅（建物）を正しく評価し、流通させる不動産売却全国ネットワーク「売却の窓口®」や、中古住宅＋リノベーションサイト「さがつく®」の運営も行う。不動産流通の現場を最も知る不動産コンサルタントとして、各種メディア・媒体等においての寄稿やコラム等多数。著書に『決定版プロだけが知っている！中古住宅の買い方と売り方』（朝日新聞出版）』、『マイホームは中古の戸建てを買いなさい！』（ダイヤモンド社）ほか多数。

装丁／SAVA DESIGN　ブックデザイン／野本奈保子（ノモグラム）
装画・マンガ・挿絵／吉川景都
組版／濵先貴之（M-ARTS）
印刷所／シナノ書籍印刷株式会社
編集／静内二葉

私の実家が売れません！

2024年7月19日　初版第1刷発行

著者　高殿 円
発行者　三輪 浩之

発行所　株式会社エクスナレッジ
〒106-0032　東京都港区六本木7-2-26
https://www.xknowledge.co.jp/
問合せ先　編集　Tel 03-3403-6796　Fax 03-3403-0582
info@xknowledge.co.jp
販売　Tel 03-3403-1321　Fax 03-3403-1829